KB273299

지금 당신의 인생엔 어떤 예수가 계십니까?

김건주 지음

| 첫 번째 이야기 |

시몬과 예수의 만남

지금 당신의 인생엔 어떤 예수가 계십니까?

| 첫 번째 이야기 |

시몬과 예수의 만남

지은이_ 김건주 | 만든이_ 김혜정 | 마케팅_ 윤여근, 정은희 | 제작_ 조정규
디자인_ design.홍시 | 초판1쇄 펴낸날_ 2014년 12월 10일

펴낸곳_ 도서출판 CUP | 등록번호_ 제2014-000035호(2001.06.21.)
(140-909) 서울특별시 용산구 이촌로 2가길 5, A동 103호 (이촌동, 한강르네상스빌)
T.(02)745-7231 F.(02)6455-3114 | www.cupbooks.com | cupmanse@gmail.com

잘못된 책은 언제든지 교환해 드립니다.
ISBN 978-89-88042-68-7 03230   Printed in Korea.
값 10,000원

시몬과 예수의 만남

지금 당신의 인생엔 어떤 예수가 계십니까?

김건주 지음

MY PREFERRED JESUS

Fiction vs Nonfiction Jesus

CUP

@영종도

제자의 길을 앞서 걸으며

그 길을 걷는 법을 가르쳐 주셨던

옥한흠 목사님과

좁은 길이지만 가르침을 따라

그 길을 함께 걷고 있는

남현, 예람, 예현에게 이 책을 바칩니다

추태화

안양대학교 기독교문화학과 교수, 「권력과 신앙」, 「문화의 미로에서 길을 찾다」 저자

"문체(Style)는 그 사람"이라는 말은 "책을 보면 저자가 보인다"로 바꿔 쓸 수 있습니다. 책이 발산하는 향기는 저자의 내면입니다. 신앙적으로 표현하면 저자의 영성입니다. 특히나 이 책은 저자의 영성이 듬뿍 배어난 작품입니다.

이 책은 신앙안내서이면서 성경해석서이며, 문화텍스트 속에 스며있는 영성의 흔적을 찾아내 대비시키는 기독교 영성 지침서라 해도 손색이 없습니다. 저자는 여러 역할을 감당하고 있는 멀티플레이어입니다. 설교자, 대학 교수, 문화사역자, 리더십 연구가, 대중연설가, 저술가 등이 저자의 활동 분야인데, 그러한 다양한 경험이 이 책의 풍부한 감성지수

를 형성하고 있습니다.

이 책은 저자의 깊은 고뇌의 산물입니다. 상황의 위협 속에 사는 현대인들을 어떻게 복음과 만나게 할지를 고심하고 있습니다. 저자는 관용의 자세를 취합니다. 일부 그리스도인들의 일방통행으로 구설에 오르게 된 '무례한 기독교'가 되지 않으려 세심한 배려를 잊지 않습니다. 복음을 이유로 강제하지 않습니다. 글과 함께 이 책에 담긴 사진은 고향의 바닷가에서 쉽게 볼 수 있는 그런 낯익은 풍경이자 베드로가 예수님을 만난 갈릴리 호수를 연상시킵니다. 책의 구조는 치밀하고 스토리텔링이 짜임새 있게 엮어져 있습니다. 교리를 하나씩 풀어놓은 형태를 띠고 있는데, 예수를 만난 베드로가 구원의 삶으로 들어선 것처럼, 책을 읽어나가면 신앙의 문들이 하나씩 새롭게 열립니다.

현대인들은 문화의 홍수, 가치관과 세계관의 범람 시대에 살고 있습니다. 지금 시대의 누구도 쉽사리 설득당하지 않습니다. 선교의 도구로 문화가 쓰임 받을 수 있는 여지가 여기에 있습니다. 문화 속에 스며있는 수많은 메타포, 대중문화 안에 화석처럼 녹아있는 은총의 흔적을 발견해 복음과 연결하는 작업을 해야 할 때입니다. 그런 의미에서 이 책은 이천 년 전 베드로가 예수를 만난 상황을 지금 여기에 재현해 복음의 의미를 밝혀내려는 역저이자 신앙안내서입니다.

김경집

인문학자, 작가, 「인문학은 밥이다」, 「눈먼 종교를 위한 인문학」 저자

이 나라에서 예수를 '제대로' 믿는다는 건 참 힘듭니다. 굿판 같은 예배가 난무하고 전사인 양 무례하게 협박하듯 전도하는 게 신앙의 표상이라 착각하는 걸 부추기며 성전이 아닌 신전을 짓느라 혈안인 교회가 거들먹대니 참 신앙을 갖고 사는 게 어렵기 때문입니다. 참된 그리스도의 영성을 닮고, 담고, 실천하며 사는 게 신앙의 중심이어야 함을 조용히 설득하는 이가 있습니다.

저자는 그런 참 신앙의 고갱이를 보여줍니다. 차갑지 않은 지성과, 무르지 않은 감성, 그리고 치우치지 않은 영성으로 조화된 삶이야말로 지금 한국의, 더 나아가 세계의 그리스도인들이 새겨야 할 가르침입니다. 그는 그렇게 복음을 전하고 실천하는 보석 같은 분임을 이 책을 읽는 내내 확인하게 됩니다. 그가 겸손하게 내놓은 사진 또한 기계의 눈이 아니라 마음의 눈, 영성의 눈으로 우리의 무디고 각박해진 가슴과, 너덜너덜해진 믿음을 따뜻하게 감싸줍니다.

김명호

일산 대림교회 담임목사, 합동신학대학원대학교 교수, 「나는 잇는다」 저자

다양한 주제에 호기심도 많고 생각도 많아 이런저런 사역의 지평을 넘나들며 꿈을 꾸듯 살아온 믿음의 형제, 김건주 목사가 드디어 그의 생각을 들여다볼 수 있는 흔적을 남겼습니다. 원고를 받아들고 글이 어떻게 다가올지 무척이나 궁금했습니다. 시간을 내어 원고를 읽어가면서 오랜만에 정말 기분 좋은 경험을 했습니다. 마치 에티오피아 커피 농장에서 직접 볶아서 보내온 귀한 커피를 받아 핸드드립으로 내려 천천히 음미하듯 마시는 기분이라고 할까요.

저와 함께하던 국제제자훈련원 사역을 정리하고 캐나다로 유학을 다녀오는 과정에서 하나님의 인도하심을 구하며 힘든 시간을 보낸 인생의 무게가 고스란히 느껴졌습니다. 지치고 힘들었던 삶의 여정 속에 경험한 예수 그리스도에 관한 이야기들 하나하나에 깊은 공감이 갔습니다. 성경 속 이야기가 우리 삶의 정황 속에 어떻게 연결되고, 의미로 자리 잡고, 영향을 끼칠 수 있는지를 보여주는 글이었습니다.

예수의 제자로 살아가기 위해 치열하게 고민하고 생각을 정리하며, 행동으로 옮겨가는 모습을 통해 많은 분이 예수를 만나고 변화되기를 바랍니다.

김형국

나들목교회 대표목사, 「풍성한 삶으로의 초대」, 「교회 안의 거짓말」 저자

어떤 만남은 그냥 스쳐 지나가지만, 어떤 만남은 새로운 인생을 창조해 냅니다. 베드로가 예수를 만났을 때, 그 만남은 단지 그에게만 의미 있는 변화를 가져온 것이 아니었습니다. 베드로와 비슷한 인생길을 걸어가는, 이후의 수많은 사람에게 말로 할 수 없는 변화를 가져왔습니다. 성경이 죽은 경전이나 주술적 약속을 주는 책, 또는 일요일에 예배당 갈 때 들고 가는 장식품 정도로 되어버린 오늘날, 저자의 묵상과 나눔은 우리로 하여금, 베드로의 예수와의 인카운터(encounter)를 통해 나와 예수를 만남으로 이끌어줍니다. 여러분을 이 소중한 만남으로 초대합니다.

조신영

작가, 한국인문고전독서포럼 대표, 「경청」, 「쿠션」, 「중심」 저자

마른 땅을 촉촉하게 적셔주는 단비와 같은 책을 만났습니다. 저자는 포토 에세이라는 독특한 형식을 빌어 이천 년 전 갈릴리 해변서 주님과 베드로가 만나던 역사적인 장면을 마치 방송 중계에 사용하는 초저속 슬로모션 모드처럼 섬세하게 재생해 보여주며, 당신의 인생에는 어떤 예수가 계시느냐고, 조용히, 그러나 대단히 진지하게 묻습니다.

빛과 소금이 되기는커녕, 세상의 골칫덩이로 전락해 가는 한국 기독교의 암울한 현실에 대해 저자는 본질을 꿰뚫는 날카로운 질문을 던지며 그 해결의 단초를 생각하게 합니다. 정제된 인용들과 노래 가사들, 가슴을 찌르는 예리한 통찰과 묵상의 언어들은 마지막 책장을 덮는 독자들의 영혼 속에 아주 긴 여운을 남기게 될 것이 분명합니다. 짝퉁 예수를 섬기며 맘몬을 숭배하면서도 자신은 천국의 티켓을 확보했다고 뿌듯해 하며 거짓 평안으로 자신을 기만하며 살아가는 수많은 외로운 영혼들에게 이 책이 전해질 수 있기를, 그리하여 보다 많은 이들이, 밤새 수고하였으되 한 마리도 잡지 못해 텅 빈 배에서 베드로가 겪었던 수치심을 함께 느낄 수 있게 되기를, 마침내 그 순간 찾아오실 진정한 해방자 예수 그리스도를 만날 수 있게 되기를 간절히 소망합니다.

Contents

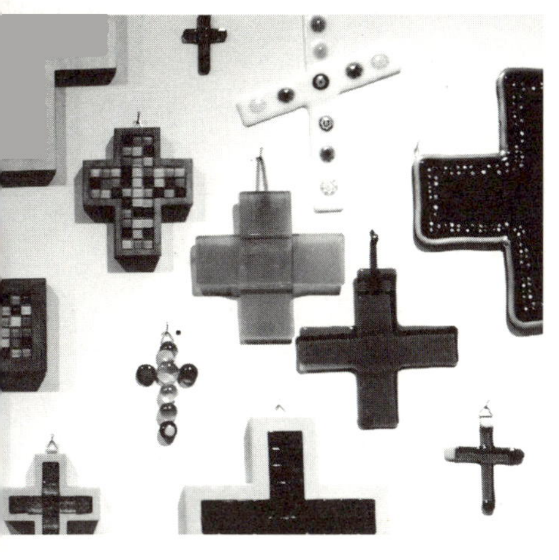

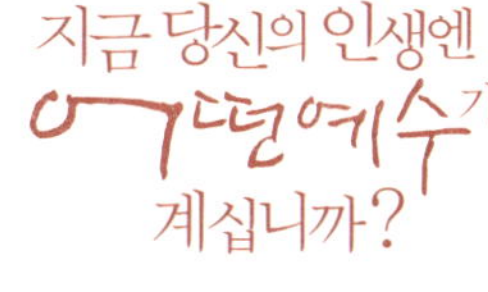

지금 당신의 인생엔
어떤 예수가
계십니까?

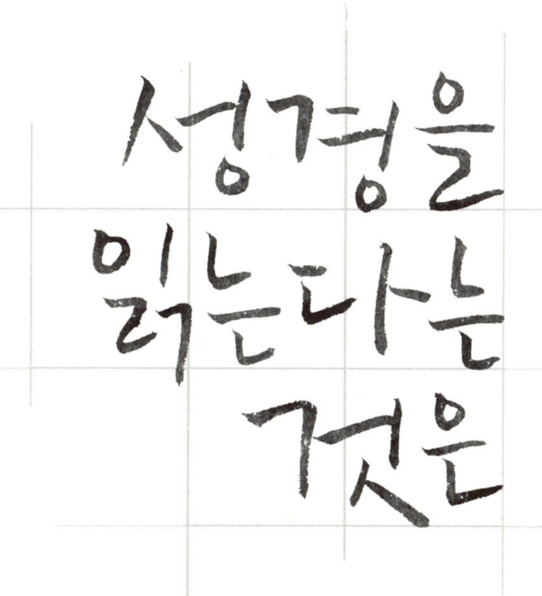
성경을
읽는다는
것은

독서(讀書)를 마음의 양식(糧食)이라 하지요. 몸의 성장과 생존을 위해 음식물을 섭취해야 하는 것처럼 마음의 성장과 성숙을 위해 책을 읽어야 한다는 의미입니다. 우리 몸의 바른 성장을 위해서는 좋은 음식을 제대로 충분히 정기적으로 섭취해야 합니다. 무엇을 어떻게 얼마나 먹었느냐에 따라 우리 몸이 결정되지요. 출생과 함께 주어진 몸이야 부모로부터 물려받은 것이겠지만, 그 후 일상에서 만들어지는 혹은 만들어가는 몸은, 특히 성년이 된 이후의 몸은 자신의 몫이지요. 스스로 선택에 따라 무엇을 얼마나 어떻게 먹었는지, 얼마나 성실히 관리하고 운동했는지에 따라 몸이 만들어집니다.

이런저런 이유로 몸에 관한 이야기가 많은 요즘입니다. 몸과 관련해 새로운 단어가 만들어지기도 하고 이전에 사용하던 단

어에 새로운 의미를 부여해 사용하기도 합니다. 원래 '베이글(bagel)' 이란 '이스트를 넣은 밀가루반죽을 링 모양으로 만들어 발효시켜 끓는 물에 익힌 후 오븐에 한 번 더 구워낸 빵'을 지칭하는 말이었지요. 그런데 '베이글녀' 라는 신조어가 만들어지면서 '베이비 페이스(baby face)에 몸매는 글래머(glamor)'란 의미로 사용됩니다. 개인적으로 브런치(brunch) 메뉴로 가장 즐기는 것이 베이글이라 자주 베이글이란 단어를 사용합니다. 그런데 무슨 까닭인지 요즘은 베이글이란 단어를 사용하는 것이 가끔 쑥스러울 때가 있습니다. 참 묘하지요. 따지고 보면 빵과 사람이라 간격이 큰데도 말입니다. '초콜릿 복근'이란 말도 비슷하지요. 어쩌다 초콜릿을 먹을 때가 있는데 그 달콤한 맛에 흐뭇한 웃음을 짓다가도 배를 만지며 쳐다보게 됩니다.

자신의 몸을 소중히 여겨야 합니다. 건강을 잃으면 모든 것을 잃는다는 말이 있지요. 자신의 삶을 소중히 여긴다면 자신의 몸을 소중히 여겨야 합니다. 건강한 몸을 만들고 유지해야 합니다. 평소 어떻게 생활했느냐에 따라 건강한 몸이 될 수도 있고, 병든 몸이 될 수도 있습니다. 애초 먹기를 제대로 했다면 다이어트를 걱정할 이유가 없지요. 필요한 운동에 게으르지 않았다면 무리하게 땀을 흘릴 이유도 없을 겁니다. 사실 몸을 위해 어떻게 해야 하는지 잘 알고 있지요. 문제는 아는 것과 행동하는 것 사이에 간격이 있다는 것입니다. 때로 그 간격이 태평양만큼 이나 넓을 때도 있지요.

독서도 마찬가지입니다. 좋은 음식을 제대로 충분히 정기적 으로 섭취해야 건강한 몸을 유지할 수 있듯이 좋은 책을 제대로 충분히 정기적으로 읽어야 마음이 성장하고 성숙할 수 있습니다. 한꺼번에 일주일이나 일 년간 필요한 음식을 먹을 수 없듯 이 독서도 마찬가지입니다. 필요한 지식을 얻기 위해 단기간에 집중적으로 많은 양의 책을 읽어야 할 때가 있지요. 시험을 앞 두고 있을 때 자주 그렇게 합니다. 하지만 마음의 성장과 성숙 을 위한 독서는 그렇게 폭식(暴食)하듯 해서는 안 됩니다. 읽는 만큼 읽은 내용을 소화하기 위해 애쓰는 시간이 필요합니다. 그 래야 흘려보내지 않고 자신의 것으로 담아 둘 수 있습니다.

독서의 중요성을 강조하는 목소리는 예전이나 지금이나 변함 이 없습니다. 인터넷에 접속해 필요한 정보를 검색하면 쉽게 얻 을 수 있는 시대가 되었는데 오히려 독서의 중요성을 강조하는 목소리는 예전보다 더 커졌지요. 검색으로는 얻을 수 없는 지혜 와 성찰을 얻기 위해서는 독서가 절대적이고 필수적임을 깨달 게 되었지요. 역설적이게도 책이 사라져 가는 시대에 말입니다.

그런데 이렇게 독서의 중요성을 강조하는 소리는 크고 잦은 데, 마음의 성장과 성숙을 위한 책 읽기가 무엇인지에 대해서는

20세기 신화 이론

명확히 전달하는 이야기가 많지 않습니다. 그저 '좋은 책'이라고 선별된 책들을 많이 읽기만 하면 되는 듯 속독(速讀)과 다독(多讀)을 강조합니다. 각종 추천서 목록(reading list)이 이런저런 모습으로 우리를 압박하고 있지요. 그렇게 추천된 책을 읽지 않으면 교양(敎養, education) 없는 사람, 무식(無識, illiterate)한 사람이란 낙인이 찍힐까 염려하는 시대가 되었습니다. 물론 이렇게 염려한다고 해서 책을 읽는 것은 아니지만 말입니다.

읽지 않는 것보다는 많이 읽는 것이 훨씬 좋지요. 그런데 몸에 좋지 않은 음식을 먹으면 탈이 나듯이, 좋은 음식이라 해도 잘못 먹으면 탈이 나듯이 읽는 것도 마찬가지입니다. 제대로 읽는 것이 중요합니다. 왜 읽어야 하는지, 무엇을 읽어야 하는지, 어떻게 읽어야 하는지, 그리고 무엇보다 읽는다는 것이 무엇인지 알고 읽어야 합니다. 이런 것들을 모른 채 읽기에 매달리다 자칫 '몸의 다이어트' 보다 몇 배나 힘든 '마음의 다이어트' 를 해야만 하는 상황을 만날 수도 있습니다. 마음에 깊이 새겨진 잘못된 생각을 덜어내는 것은 몸에서 지방(脂肪, fat)을 덜어내는 것보다 훨씬 고통스러운 일입니다.

19세기를 대표하는 학자 중에 혜강(惠岡) 최한기(崔漢綺, 1803~1877) 선생이 있습니다. 최한기 선생은 기존의 동서양의

학문적 업적을 집대성한 수많은 연구 저서를 내고 한국의 근대
사상이 성립하는데 크게 이바지한 실학자입니다. 독서에 관한
좋은 글도 여럿 남겼습니다. 다음은 조선 지식인들의 독서법에
대한 성찰을 다룬 「조선 지식인의 독서 노트」(2009)에 실린 선생
의 글입니다.

의복과 음식이 주는 즐거움은 세상살이의 근심과 걱정을
잊도록 해 준다. 반면 독서에서 얻는 즐거움은 스스로 깨달
아 알게 되는 것이다. 사람의 몸은 의복과 음식 덕분에 보
호받으며 자라지만, 그 마음과 성품은 스스로 기르고 얻어
서 발전한다.
사람은 평생 동안 의복과 음식에 대한 걱정과 근심을 안고
살아간다. 1년 내내 부지런히 농사를 지어 곡식과 각종 옷
감이 창고에 가득 차면, 사람은 자신도 모르게 마음속에 즐
거움을 품는다. 그 이유는 바로 한 해 동안 의복과 음식에
대한 걱정을 잊고 지낼 수 있기 때문이다.
독서는 사람이 살아가는 동안 평생 해야 할 일이다. 스스로
깨달아 얻으려고 하지 않는다면, 비록 보잘것없고 사소한
일일지라도 근거로 삼을 만한 것이 없다. 여러 해 동안 연
구하거나 깊게 탐구하고 사색하여 사물의 이치가 뚜렷이

드러나면, 비로소 만족할 만한 즐거움을 얻는다. 이것은 다른 까닭이 아니라 스스로 깨닫고 얻어 평생토록 자신을 지키고 유지할 수 있는 바탕으로 삼을 수 있기 때문이다.

의복과 음식에 대한 걱정이나 근심이 없는 경우를 독서에서 스스로 깨달음을 얻는 일과 비교해 생각해 보자. 의복과 음식에 대한 걱정을 안고 산다면 몸이 제대로 보호되고 자랄 수 없다는 사실을 사람들은 쉽게 안다. 그래서 이들을 구하려고 죽을힘을 쏟으므로 얼어 죽거나 굶어 죽는 경우가 자못 적다. 그러나 독서를 하여 스스로 깨달아 얻는 것이 없으면 그 마음과 성품이 발전할 수 없다는 사실은 사람들이 알기 어렵다. 또한 이것을 얻으려고 힘을 쏟지도 않는다. 이 때문에 수많은 사람들이 죽을 때까지 아무것도 모르는 어리석음에서 벗어나지 못하고 있다. 만약 독서를 통해 스스로 깨달아 얻는 일에 음식과 의복에 대한 근심을 없애는 일처럼 힘을 쏟는다면, 반드시 스스로 깨달아 얻을 수 있는 방법을 찾을 수 있을 것이다.

처음 한 가지를 스스로 깨달아 얻는다면 깊게 파고들어 생각하고 연구하는 즐거움이 주는 오묘한 느낌을 맛볼 수 있고, 여러 가지를 스스로 깨달아 얻게 되면 점차 '추측', 곧 미루어 생각하고 헤아려 이치를 깨닫는 일의 통로가 열리게 된다. 작은 일을 스스로 깨달아 얻음으로써 이 추측의 통로를 넓혀 나가다 보면 마침내 큰일도 스스로 깨달을 수 있게 된다. 여기에서 더 나아가 스스로 요령과 사물의 경중을 헤아릴 줄 아는 수준에 이르면 곧 스스로 깨달아 얻지 못하는 일이 없어진다. 그 즐거움이란 천하에 비견할 만하다.

최한기 선생의 말처럼 독서는 참된 깨달음을 향해야 합니다. 그 깨달음이란 것이 단순한 '앎'에 머물러서는 불가능하지요. 그런데 대개 우리는 지식을 얻고 교양을 쌓기 위해 읽습니다. 사실 지식을 얻고 교양을 얻는데 독서보다 좋은 도구가 없지요. 그런데 '앎'은 '삶'과 분리되어서는 안 됩니다. 참된 지식, 참된 교양이라면 언제나 삶을 향해야 하고 삶과 연결되어 있어야 합니다. '삶'과 분리된 '앎'은 머리를 가득 채울 수 있을지는 몰라도 마음이 성장하고 성숙하는 데에는 큰 도움이 되지 않습니다. '앎'을 위해서가 아니라 '삶'을 위해서 읽어야 합니다. '앎'이 '삶'을 향할 때 참된 의미와 가치를 갖듯이 읽기도 '앎'을 거쳐 '삶'을 향해야 합니다.

그런데 모든 책이 삶을 향한 읽기를 위한 좋은 도구가 되지는 않습니다. 좋은 음식이 있듯 좋은 책이 있고, 나쁜 음식이 있듯 나쁜 책, 부족한 책도 있습니다. 또한 마음의 성장과 성숙에 필요한 양식인 지혜를 담고 있는 좋은 책들이 있지요. 물론 그중 최고는 성경(聖經, the Bible)입니다. 성경을 통해 수많은 사람이 새로운 삶을 시작했습니다. 그런데 안타깝게도 성경을 만났음에도 변화를 경험하지 못하는 이들도 있습니다. 인도의 민족운동의 지도자이자 인도 건국의 아버지라 불리는 마하트마 간디(Mohandas Karamchand Gandhi, 1869~1948년)가 성경을 읽고 나서 이렇게 이야기했다고 합니다.

"당신네 기독교인들은 문명 전체를 날려버릴 다이너마이트만큼이나 강력한 문서를 가지고 있군요. 세상을 완전히 뒤집어엎고, 전쟁으로 찢긴 행성에 평화를 가져올 만하지요. 하지만 당신들은 그게 고작 한 조각의 문학 작품인 양 다루는군요."

읽기가 '삶'이 아니라 '앎'을 향해 있으면 슬프게도 이런 일이 벌어집니다. 성경은 명백하게 우리의 읽기가 '앎'이 아니라 '삶'을 향해야 함을 강조합니다. "모든 성경은 하나님의 감동으로 된 것으로 교훈과 책망과 바르게 함과 의로 교육하기에 유익하니 이는 하나님의 사람으로 온전하게 하며 모든 선한 일을 행할 능력을 갖추게 하려 함이라"(딤후 3:16~17).

　성경을 읽는 것, 곧 성경에서 지식을 얻는 것이 최종 목표이어서는 안 됩니다. 성경 읽기는 하나님의 사람으로서 온전하게 함을 이루는 통로입니다. 모든 선한 일을 행할 능력을 갖추는 것을 성경 읽기의 목표로 삼아야 합니다. 더는 문학 작품이나 교양서적 대하듯 성경을 읽어서는 안 됩니다. 「성경, 하나님의 위험한 책」(*God's Dangerous Book*, 2013)에서 닉 페이지(Nick Page)는 이렇게 이야기합니다.

　성경은 위험한 책이다. 제대로 사용하면, 성경은 인생을 변화시키고 영감을 주고 가르치며 훈련하고 동원하는 힘이 있다. 그러나 잘못 사용하면, 증오와 공포, 심지어 죽음을 가져오는 힘이 있다. 그리고 성경은 확실히 잘못 사용되어왔다. 이 거룩한 책은 심히 거룩하지 않은 행동을 정당화하는 데 사용되었다. 이 책에서 나는 성경이 그것을 잘 알지 못하는 사람들에 의해 더럽고 어리석은 방식으로 악용되었던 것에 대해 얼버무리고 넘어가고 싶은 마음은 없다. 하지만 성경은 폭군이나 독재자에게 사용되었던 것만큼이나 그들을 반대하는 데 사용되었다. 성경이 압제하는 세력에게 휘둘렸던 것도 확실하지만, 실제 이야기는 어떻게 압제받는 사람들이 성경을 되찾느냐 하는 것이다. 미국의 노예 주인들은 성경에 노예가 존재한다는 점을 들어 자신들의 행동을 정당화했지만, 노예들은 그 본문을 거부하기는커녕 스스로 성경을 읽었고, 출애굽기에서 자신들의 것으로 삼을 수 있는 강력한 이야기를 발견했다. 성경은 권력과 독재와 무지와 불의와 노예제도와 탐욕에 철저히 반대하는 사람들의 무기다.

성경을 제대로 읽기 시작하면, 성경이 위험과 불화로 넘쳐난다는 것을 깨닫게 될 것이다. 하나님이 이스라엘에게 왕을 두지 말라고 하신 충고(삼상 8장), 부자는 꽃과 같이 지나간다는 야고보의 경고(약 1:9~11)는 물론, 모든 사람이 하나님의 형상대로 지음을 받았다는 도입부의 진실에서부터 요한계시록의 종말론적 반제국주의까지, 성경은 지속적으로 종교적, 정치적, 사회적 급진주의를 부추기고 있다. 또 기독교 성경의 한복판에는 예수라는 인물, 즉 부와 권세를 거부하고, 위선을 미워하고 따돌림당하는 자들을 사랑했으며, 제국주의 세력에 의해 고발되고 처형되신 분이 있다.

성경은 급진주의의 여백을 가진 책이다. 인기 있는 신념과는 반대로 이 책은 언론의 자유, 평등과 반대 의견을 부추긴다. 즉, 경건한 자들이 칭찬을 받기보다 훨씬 자주 핍박을 받는다는 것을 보여주고, 왕의 권리보다 의무를 말하는 책이다. 또 하나님이 따돌림당하고 배척받는 사람들 가운데

일하고 계심을 보여준다. 부자와 권세 있는 사람은 하나님 나라와 거리가 먼 사람들로 묘사된다. 성경은 더 높은 권위에 호소한다. 인간은 모두, 일반인에서 왕에 이르기까지, 최우선적으로 하나님께 대하여 책임이 있다고 담담하게 선언한다. 또 믿음이 있는 자들에게 보상을 약속한다. 악한 자들은 결코 형통할 수 없으며 죽음은 끝이 아니라고 주장한다.

성경을 제대로 읽었다면 우리의 삶이 변해야 정상입니다. 성경을 제대로 읽고 있다면 우리의 마음이 성장하고 성숙해야 정상이지요. 성경을 제대로 읽고 있다면 힘들고 버거워도 잘못된 것을 버리고 고치려 할 것입니다. 평생의 과정이지만 온전한 자신을 만들기 위해 노력하겠지요. 버릴 것은 버리고 채울 것은 채우면서 온전한 자신을 만들기 위해 '삶의 다이어트'를 수행할 것입니다.

사실 성경에는 우리보다 앞서 자신의 삶을 온전하게 만들기 위해 분투했던 선배들의 이야기가 많습니다. 결코, 그들의 삶의 이야기를 문학 작품 속 이야기처럼 대해서는 안 됩니다. 지나간 과거 속 이야기로 읽어서도 안 됩니다. 하나님과 동행하면서 만들어낸 그들의 이야기는 오늘 우리의 삶이 되어야 합니다. 성경이 말이 아닌 삶을 통해 만들어진 선배들의 이야기를 우리에게 들려주는 까닭이 무엇인지 제대로 알아야 합니다. 앎을 위한 이야기가 아니라, 삶을 위한 이야기입니다.

지금껏 성경을 어떻게 읽어왔는지 살펴야 합니다.
더 많은 읽기에 앞서 반성(反省)이 먼저입니다.

선배들의 삶의 이야기는 그들의 삶의 모습이 달랐던 것처럼 다른 울림을 줍니다. 공명(共鳴, resonance)이란 말이 있지요. 어느 진동체가 다른 진동체의 진동에 유도되어서 다른 진동과 같은 진동수로 진동하는 물리적 현상을 일컫는 말입니다. 물질의 세계에서만 공명이 일어나는 건 아니지요. 마음의 세계에서도 일어납니다. 선배들의 삶의 이야기 중 특히 저에게 큰 울림을 주었던 이야기가 있습니다. 무슨 이유 때문인지 처음부터 일어난 공명이 오랜 시간이 지났음에도 계속되고 있어 이 책을 쓰게 되었지요.

바로 어부 시몬의 이야기입니다. 시몬의 나이 서른 즈음에 생긴 일, 예고 없이 갑작스럽게 일어난 일에 관한 이야기입니다. 성경은 그날의 이야기를 매우 중요하게 다루고 있습니다. 마태복음, 마가복음, 그리고 누가복음 이렇게 세 곳의 공관복음서 모두에 기록되어 있습니다. 읽기의 목표는 앎이 아니라 삶이라 했지요. 시몬의 이야기를 그렇게 함께 읽었으면 합니다.

이 만남의 배경이 되는 갈릴리의 게네사렛 호수는 구약에서는 긴네렛 해변이나 긴네롯 호수라고 불렀고(민 34:11, 수 12:3), 신약에서는 갈릴리 해변이나 디베랴 바다라 불리기도 했습니다(막 1:16, 요 21:1). 길이가 약 21km이고 폭이 약 11.3km인 매우 큰 호수로, 요단 강이 이 호수를 거쳐 북에서 남쪽 사해로 흘러갑니다. 사해와 달리 물이 많고 고기가 많아 어업이 매우 성행했습니다. 시몬 베드로와 세배대의 아들 야고보와 요한은 그 지역의 어부였습니다. 시몬의 이름의 의미는 '들음(hearing)' 입니다. 시몬은 갈릴리 호수에 능숙한 어부로서 이미 결혼해 있었고(마 1:30), 벳새다에서 태어났지만(요 1:44) 가버나움에도 집이 있었습니다(막 1:21). 야고보와 요한의 아버지인 세배대는 부유한 어부였습니다. 그의 이름의 뜻은 '여호와의 선물' 입니다. 야고보의 이름은 '발꿈치를 잡는다' 는 뜻을 지니고 있습니다(창 25:26). 야고보는 베드로, 요한과 더불어 예수의 사랑받는 제자가 되었고, 주후 44년경 아그립바 왕(헤롯 아그립바 1세)에 의해 목이 베어 순교했습니다(행 12:2). 요한의 이름의 뜻은 '여호와의 은혜' 입니다. 성격이 괄괄했기 때문에 야고보와 더불어 우뢰의 아들이란 별명을 예수에게서 들었습니다(막 3:17).

갈릴리 해변에 다니시다가 두 형제 곧 베드로라 하는 시몬과 그의
형제 안드레가 바다에 그물 던지는 것을 보시니 그들은 어부라 말
씀하시되 나를 따라오라 내가 너희를 사람을 낚는 어부가 되게 하
리라 하시니 그들이 곧 그물을 버려 두고 예수를 따르니라 거기서
더 가시다가 다른 두 형제 곧 세베대의 아들 야고보와 그의 형제 요
한이 그의 아버지 세베대와 함께 배에서 그물 깁는 것을 보시고 부
르시니 그들이 곧 배와 아버지를 버려 두고 예수를 따르니라

마태복음 4장 18~22절

갈릴리 해변으로 지나가시다가 시몬과 그 형제 안드레가 바다에 그물 던지는 것을 보시니 그들은 어부라 예수께서 이르시되 나를 따라오라 내가 너희로 사람을 낚는 어부가 되게 하리라 하시니 곧 그물을 버려 두고 따르니라 조금 더 가시다가 세베대의 아들 야고보와 그 형제 요한을 보시니 그들도 배에 있어 그물을 깁는데 곧 부르시니 그 아버지 세베대를 품꾼들과 함께 배에 버려 두고 예수를 따라가니라

마가복음 1장 16~20절

무리가 몰려와서 하나님의 말씀을 들을새 예수는 게네사렛 호숫가에 서서 호숫가에 배 두 척이 있는 것을 보시니 어부들은 배에서 나와서 그물을 씻는지라 예수께서 한 배에 오르시니 그 배는 시몬의 배라 육지에서 조금 떼기를 청하시고 앉으사 배에서 무리를 가르치시더니 말씀을 마치시고 시몬에게 이르시되 깊은 데로 가서 그물을 내려 고기를 잡으라 시몬이 대답하여 이르되 선생님 우리들이 밤이 새도록 수고하였으되 잡은 것이 없지마는 말씀에 의지하여 내가 그물을 내리리이다 하고 그렇게 하니 고기를 잡은 것이 심히 많아 그물이 찢어지는지라 이에 다른 배에 있는 동무들에게 손짓하여 와서 도와 달라 하니 그들이 와서 두 배에 채우매 잠기게 되었더라 시몬 베드로가 이를 보고 예수의 무릎 아래에 엎드려 이르되 주여 나를 떠나소서 나는 죄인이로소이다 하니 이는 자기 및 자기와 함께 있는 모든 사람이 고기 잡힌 것으로 말미암아 놀라고 세베대의 아들로서 시몬의 동업자인 야고보와 요한도 놀랐음이라 예수께서 시몬에게 이르시되 무서워하지 말라 이제 후로는 네가 사람을 취하리라 하시니 그들이 배들을 육지에 대고 모든 것을 버려두고 예수를 따르니라

누가복음 5장 1~11절

@서재

성경 속 삶의 이야기를 문학 작품 속
이야기처럼 대해서는 안 됩니다
지나간 과거 속 이야기로 읽어서도 안 됩니다

하나님과 동행하면서 만들어낸
그들의 이야기는
오늘 우리의 삶이 되어야 합니다
성경을 제대로 읽었다면
우리의 삶이 변해야 정상입니다

@서재

Part 02

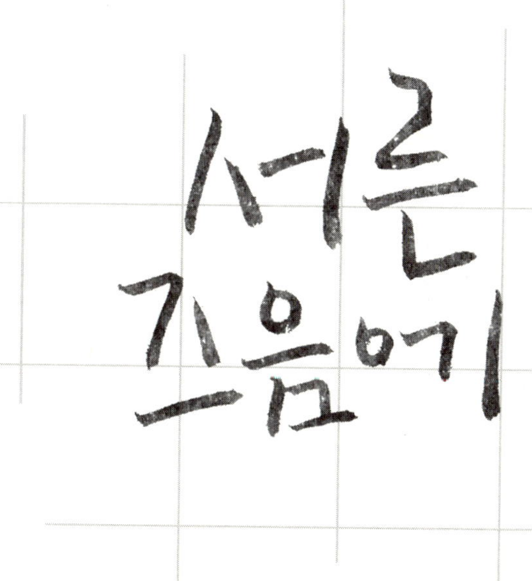

또 하루 멀어져 간다. 내뿜은 담배 연기처럼
작기만 한 내 기억 속에 무얼 채워 살고 있는지
점점 더 멀어져 간다. 머물러 있는 청춘인 줄 알았는데
비어가는 내 가슴 속엔 더 아무것도 찾을 수 없네
계절은 다시 돌아오지만 떠나간 내 사랑은 어디에
내가 떠나보낸 것도 아닌데 내가 떠나온 것도 아닌데
조금씩 잊혀져 간다. 머물러 있는 사랑인 줄 알았는데
또 하루 멀어져 간다. 매일 이별하며 살고 있구나
매일 이별하며 살고 있구나

김광석의 노래 〈서른 즈음에〉의 가사입니다. 돌아보니 제 나
이 서른 즈음에는 이 노래를 참 많이 즐겨 부르고 듣곤 했습니

다. 가장 좋아하는 가수의 노래라 그랬겠지요. 이 노래뿐 아니라 김광석의 다른 노래도 많이 듣고 흥얼흥얼 따라 부르곤 했습니다. 그런데 마흔을 지나 쉰을 향하고 있는 지금에는 이 노래가 함부로 부를 수 없는 노래가 되어 버렸습니다. 이 노래를 듣거나 부르다 보면 왠지 자꾸 목이 메고 가슴이 먹먹해집니다. 아마도 인생의 무게가 달라져서 그런 것 같습니다. 노래의 겉이 아니라 속이 무겁게 다가와서 그런 것 같습니다.

인생(人生)을 저울에 올려놓으면 그 무게가 얼마쯤 될까요? 측정할 수 있는 저울이 있으면 인생 전체의 무게뿐 아니라 지금 하루하루 만나고 있는 '오늘'의 무게를 달아보고 싶은데 안타깝게도 그런 저울을 아직 만나지 못했습니다. 옛 선인들은 나이에 따라 인생의 무게를 표현했습니다. 공자(孔子, B.C.551~B.C.479)는 만년(晩年)에 이르러 자신의 사상과 인격의 발달 과정을 「논어(論語)」〈위정편(爲政篇)〉에서 다음과 같이 이야기했습니다.

나는 나이 열다섯에 학문에 뜻을 두었고(吾十有五而志于學), 서른에 뜻이 확고하게 섰으며(三十而立), 마흔에는 미혹되지 않았고(四十而不惑), 쉰에는 하늘의 명을 깨달아 알게 되었으며(五十而知天命), 예순에는 남의 말을 듣기만 하면 곧 그 이치를 깨달아 이해하게 되었고(六十而耳順), 일흔이 되어서는 무엇이든 하고 싶은 대로 하여도 법도에 어긋나지 않았다(七十而從心所欲 不踰矩).

성인(聖人)이라 불리는 공자라면 인생의 무게가 달랐을 것 같은데 그렇지 않았습니다. 그도 나면서부터 알게 된 것이 아니라 어려서부터 학문에 뜻을 두고 부지런히 갈고 닦는 과정이 필요했습니다. 사상과 인격을 발달시켜 가는 과정이 필요했지요. 그의 하루도 절대 가볍지 않았을 겁니다. 이후 선인들은 학문에 뜻을 두는 나이라 해서 15세를 지학(志學)이라 했고, 30세는 뜻을 세우는 나이라 해서 입지(立志) 혹은 모든 기초를 세우는 나이라 해서 이립(而立)이라 불렀지요. 사물의 이치를 터득하고 세상일에 흔들리지 않을 나이라 해서 40세를 불혹(不惑)이라 부르고, 50세는 하늘의 뜻을 아는 나이라 해서 지천명(知天命)이라 불렀습니다. 사물의 이치를 터득하고 세상일에 흔들리지 않을 나이를 지나 하늘의 뜻을 아는 나이를 향하고 있는데 그 무게만큼 인생을 살고 있는지 자문(自問)해 보니 턱없는 부족함에 고개를 숙일 수밖에 없습니다.

서른을 지나 마흔을 향하고 있던
시몬이 겪었던 인생의 무게는 어느 정도였을까요?

서른을 지나 마흔을 향하고 있던
시몬이 겪었던 인생의 무게는
어느 정도였을까요?

@영종도

그에게서 직접 들을 수 없으니 짐작할 수밖에 없지요. 가볍지는 않았을 것입니다. 아버지로 남편으로 산다는 것이 가벼울 수 없지요. 가업(家業)을 이어받아 30년 가까이 어부로 살았습니다. 보통 네다섯 살이면 배를 타기 시작했으니 살아온 만큼 배에서 시간을 보냈습니다.

갈릴리 호수가 시몬에겐 삶의 터전이었지요. 갈릴리 지방에서는 어업이 가장 큰 산업 중 하나였습니다. 그래서 로마 제국은 어부들에게서 세금을 많이 거두어 갔습니다. 어획량이 풍부한 갈릴리 호수였기에 많은 고기를 잡을 수 있었지요. 하지만 그만큼 내어놓아야 하는 세금도 많았습니다. 이래저래 나라 잃은 이의 삶은 고단할 수밖에 없습니다.

우리처럼 시몬도 하루하루 무거운 무게를 느끼며 인생길을 걸었습니다. 때로 포기하고 싶을 만큼 힘든 날도 있었겠지요. 그래도 포기하지 않고 함께 하는 이들과 울고 웃으며 주어진 삶에 최선을 다했을 겁니다.

우리가 매일 만나는 ‘하루의 무게’,
‘오늘의 크기’는 얼마나 될까요?

모든 날의 무게가 같진 않습니다. 이런저런 상황에 따라 달라지는 것이 하루의 무게이지요. 삶의 리듬이라고 해야 할까요? 매일 똑같은 무게를 감당하며 살아야 한다면 절대적 무게를 이겨내야 하는 것 외에도 무한 반복처럼 느껴지는 무료함을 견디어내는 힘도 필요할 것입니다. 어쩌면 삶의 횡포라 불러야 할지도 모르겠습니다. 하루하루 주어지는 몫을 감당하기도 힘든데 때로 여러 날의 무게를 한꺼번에 감당해야 할 때도 있으니까 말입니다.

'신아람' 선수를 기억하십니까?

신아람 선수는 2012년 런던올림픽에 참여했던 펜싱 국가대표입니다. 사실 '런던의 1초' 혹은 '멈춰버린 1초'라 불리는 그 사건이 있기 전 그녀의 이름을 기억하는 이들은 많지 않았지요. 언론들은 '멈춰버린 1초'라 불리는 그 사건이 역대 올림픽 오심 중 다섯 손가락 안에 들어갈 것이라고 합니다. 에페 준결승 연장 종료 1초를 남겨둔 상황 세 번의 공격이 진행되는 동안 '1초'라는 시간이 흐르지 않고 고정되어 있었습니다. 명백한 오심이었지만 번복되지 않았고, 그녀는 결승에 진출하지 못했습니다. 억울함에 흘렸던 눈물을 멈추고 동메달을 결정하는 경기에 출전했지만 패하고 맙니다. 자신의 실력을 제대로 발휘하지 못했지요. '1초'였지만 그 크기가 참 컸고, 그 무게가 참 무거웠습니다.

사전에서 '오늘'을 찾으면 '지금 지나가고 있는 이날'이라고 설명합니다. '지금의 시간'이란 의미를 담고 있는 '현재(現在)'와 많이 닮았지만 느낌은 다르지요. '현재'라고 하면 왠지 크고 넓게 느껴지는데 '오늘'이라 하면 작고 좁게 느껴집니다. '오늘'이라 불리는 하루에 할 수 있는 것, 담을 수 있는 것이 그리 많거나 커 보이지 않습니다. 하지만 누구도 '이틀'을 혹은 '한 달'을 한꺼번에 살지는 못합니다. 누구나 하루를 살고 또 하루를 살아 이틀을 살고 한 달을 살고 일 년을 살고 평생을 삽니다. 오늘이 없으면 한 달도 없고 일 년도 없지요. 우리는 오늘을 살아 결국에는 평생을 삽니다.

'세월에 속아 산다'는 말이 있습니다. 현재 살아가는 것이 변변하지 못하여도 앞으로는 나아지겠거니 하는 막연한 희망을 품고 살아간다는 말입니다. 막연한 희망, 어디서 시작되었는지 그 뿌리를 알 수 없는 희망의 조각을 붙잡고 사는 날이 많지요. 오늘보다는 내일이, 올해보

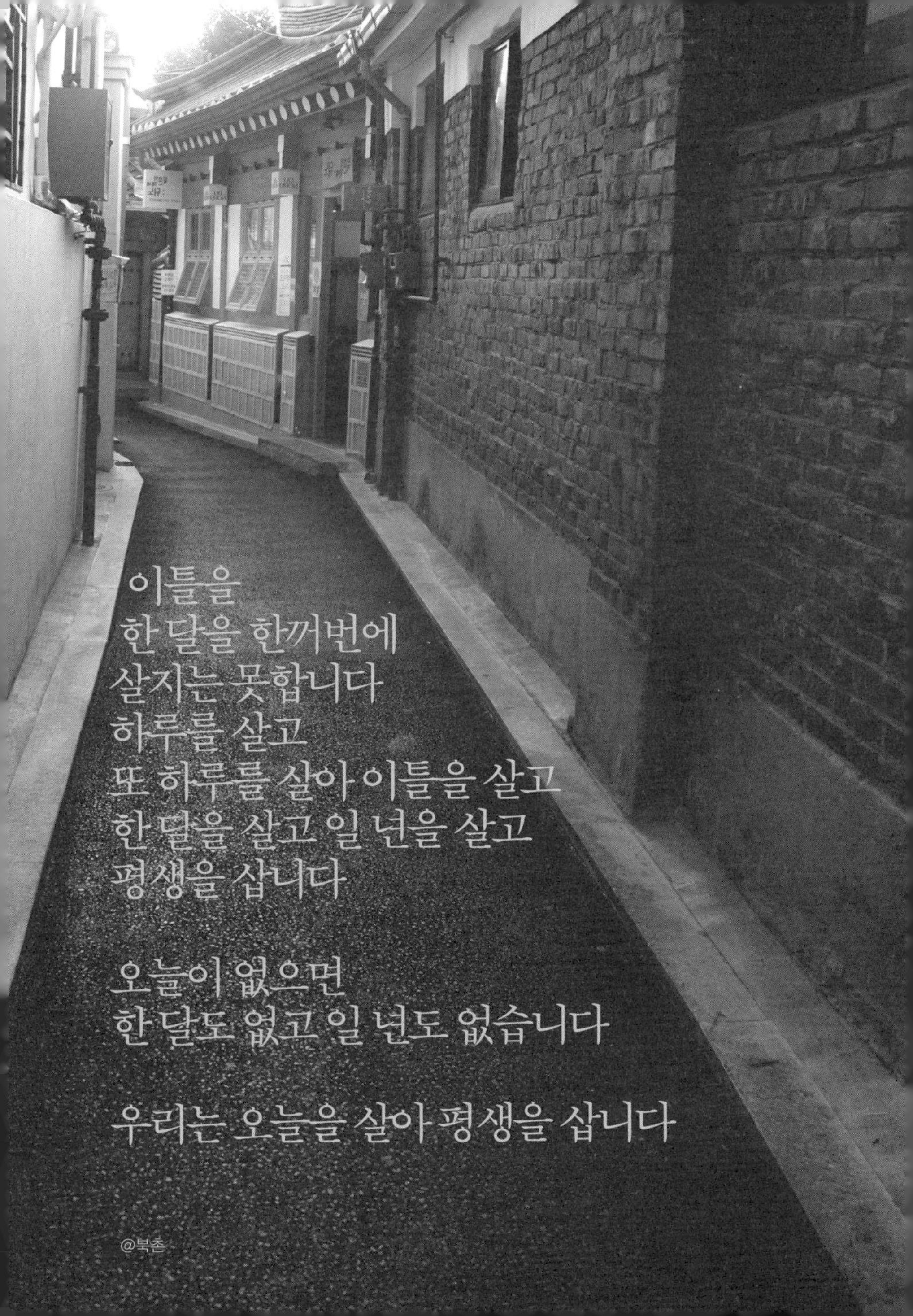

이틀을
한 달을 한꺼번에
살지는 못합니다
하루를 살고
또 하루를 살아 이틀을 살고
한 달을 살고 일 년을 살고
평생을 삽니다

오늘이 없으면
한 달도 없고 일 년도 없습니다

우리는 오늘을 살아 평생을 삽니다

@북촌

다는 내년이 좋을 것으로 생각하며 사는 날이 많습니다. 막상 내일이 오늘이 되고 내년이 올해가 되면, 또 다른 내일과 내년을 새로운 희망의 조각으로 붙잡고 살아갑니다.

그런데 우리에게 매일 새롭게 다가오는 오늘이지만 같은 날이 반복되는 것처럼 느껴질 때가 많습니다. 분명 반복되는 '오늘'은 없는데도 말입니다. 그러다 문득 어느 날, 내가 선 곳이 어디인지 내가 누구인지 질문하게 됩니다. 정말 제대로 살아가고 있는 것인지 그냥 사는 것인지 질문하게 됩니다. 이런 질문을 가슴에 품어본 경험이 있는 사람이라면 이것이 결코 물리적 차원의 질문이 아니라는 것을 압니다. 생물학적 차원의 질문이 아니라는 것도 압니다.

자신과 인생에 관한 진지한 돌아봄의 중요성을 알지 못하는 이는 없습니다. 하지만 '생존(生存, survival)'에 갇히면 '존재(存在, being)'를 돌아볼 기회를 얻지 못합니다. '생활(生活, life)'에 갇히면 '반성(反省, reflect)'의 기회를 얻지 못합니다. 그저 몇 치 앞만 보고 걸어갈 뿐입니다. 불행하지만 이것이 우리가 매일 만나는 일상의 민낯입니다.

시몬도 우리처럼 '어제 같은 오늘'을 매일 만나며 살았습니다. 그러다 아주 특별한 하루를 만났습니다. 예수나 시몬이나

가업을 이어받아 자신의 직업으로 삼고 살았습니다. 하루하루가 흔히 만날 수 있는 평범한 삶이었습니다. 그러다 서른 즈음에 이들은 그전의 날들과는 전혀 다른 날들을 만나게 됩니다. 여느 다른 이들의 인생길과는 비교할 수도 없는 특별한 인생길을 걷게 되었지요.

30년을 목수로 살았던 예수와 30년을 어부로 살았던 시몬이 만났습니다. 그 만남이 만든 변화가 무엇이었는지, 그 만남으로 시작된 변화가 우리에겐 무엇인지 함께 살펴보았으면 합니다. 훗날 예수와 시몬을 직접 만나게 되는 그날이 오면 직접 질문할 수 있겠지요. 궁금했던 모든 것에 관한 대답을 시원스레 들을 수 있을 겁니다. 그러나 그날이 우리에게 오기 전까지는 그들의 만남을 기록해둔 성경을 읽는 것으로 대신해야 합니다.

조심스럽게 신중히 제대로 읽어야 하지요. 결코, 그들의 만남을 문자에 가두어 버리는 어리석음을 범해서는 안 됩니다. 그들은 문학 작품 속 인물이 아닙니다. 그러니 문학 작품 속 인물을 분석하듯 그렇게 그들을 대해서는 안 됩니다. 냉정하고 이성적인 시선에 그들을 가두어서는 안 됩니다. 그들의 만남을 기록되어 있는 제한된 틀에 가두어서도 안 됩니다. 문자(text)를 둘러싸고 있는 맥락(context)을 함께 읽어야 하지요. 문자(文字, letter)만, 문장(文章, sentence)만, 문단(文段, paragraph)만 읽어서는 안 됩니다. 문자와 문자 사이, 문장과 문장 사이, 문단과 문단 사이에 있는 여백을 읽어야 합니다. 그러기 위해서는 상상(想像, imagination)이 필요합니다.

그렇다고 해서 헛된 상상(虛想, illusion)에 빠지는 더 큰 어리석음을 범해서도 안 됩니다. 우리가 성경 속 이야기를 읽고 있음을 잊어서는 안 됩니다. 성경 읽기의 참된 목표가 앎이 아니라 삶에 있음도 잊어서는 안 됩니다. 현재의 우리와 성경 속 이야기가 충돌하는 부분이 있다면 읽는 우리를 바꾸어야지 성경 속 이야기를 우리의 필요에 따라 이런저런 모양으로 편집(編輯, edit)해서는 안 됩니다.

읽는 우리를 바꾸어야 합니다. 그래야 제대로 읽는 것이고, 참으로 읽는 것입니다.

성경은 온전하지만, 우리는 온전하지 않습니다.
우리가 읽는 성경은 온전하지만,
성경을 읽는 우리는 온전하지 않습니다.

온전한 성경에서 얻은 깨달음이고 촉발된 상상이라 해도 우리의 깨달음과 상상에는 부족함이 존재할 수밖에 없습니다. 우리의 불완전함이 만들어내는 한계가 있음을 인정해야 합니다.

한 치의 부족함도 없는 온전한 성경에서 길어낸 깨달음이라 해서 그 깨달음마저 한 치의 부족함도 없는 온전한 것으로 생각해서는 안 됩니다. 그것은 참으로 위험한 생각입니다. 성경의 절대적 권위를 인정하는 것처럼 보이지만, 실상은 자신과 자신의 깨달음을 절대화하는 교만입니다. 반드시 버리고 고쳐야 할 위험한 태도입니다. 선악과 앞에서 주고받았던 뱀과의 대화에서 아담과 하와가 보였던 모습이 이러했지요(창세기 3장).

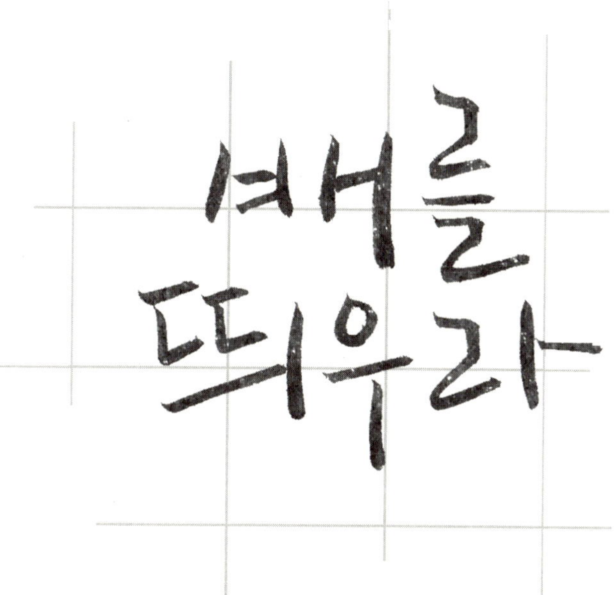

Part 03

고기잡이가 항상 만선(滿船)이란 최상의 결과를 얻는 것은 아니지만, 말 그대로 '빈 배'로 돌아오는 날은 흔치 않습니다. 시장에 나가 팔 만큼은 아니어도 가족이 함께 먹을 정도는 잡혀야 정상입니다. 그것도 '물 반, 고기 반'이란 소리를 들을 만큼 풍부한 어획량을 자랑하는 갈릴리 바다에서는 말입니다. 초보 어부라면 고기 잡는 기술이 서툴러서 그럴 수 있다고 하겠지만, 벌써 30년째 고기잡이를 해온 프로 어부들인데.

참 이상한 밤이었습니다.
까닭이라도 알면 속이라도 시원할 텐데.

묘하게도 이해하기 힘든 일이 갑자기 일어날 때는 그 까닭을 확인할 수 없을 때가 대부분입니다. 까닭을 알지 못하니 그저 모든 것이 자신의 부족함 때문에 일어난 것으로 여기며 자책할 때가 많습니다. '확인할 수는 없지만 분명 내가 무언가 잘못한 게 있을 거야. 그러니 일이 이렇게 된 거지. 원인 없이 일어나는 일이 어디 있어? 그러니 차근히 원인을 찾아보자'라고 자책하기도 하고, 반대로 막연히 시대와 환경을 탓하고 부모를 원망하기도 합니다. '다른 시대, 다른 곳에서 태어나 살았다면 달랐을 텐데'라고 말입니다.

우리 인생에는 이상한 날들이 보통의 날들보다 더 자주 다가오는지도 모르겠습니다. 인생이란, 준비가 철저하고 성실하다고 기대한 것처럼 풀리는 것은 아닙니다. 이럴 때는 참 답답해집니다. 답답하기만 하면 그래도 참을 만한데 막막해질 때도 있습니다. '어떻게 살아야 하나' 하는 탄식이 한숨에 섞여 터져 나오기도 합니다. 까닭을 알 수 없으니 해결책도 찾기 어렵고, 그저 시간이 흘러가면서 자연히 해결되기만을 기다려야 하니 '죽을 맛'입니다. 그렇게 다가온 어려움이 일시적인 것이면 그래도 다행인데, 때론 끝을 알 수 없는 긴 터널을 만나기도 합니다.

이렇듯 이런저런 모습으로 길고 짧은 인생의 밤이 우리에게 다가옵니다. 익숙해진 탓인지 인생의 밤이 다가온다고 해서 이

내 우울 모드로 들어가지는 않습니다. 그 밤의 끝에는 반드시 희망이 있을 것이라는 기대를 붙잡고 그 밤을 견디며 살아가지요. 고진감래(苦盡甘來)라 했습니다. 쓴 것이 다하면 단 것이 옵니다. 쓴맛이 강할수록 단맛도 강하겠지요. 그런데 이런 희망마저 내려놓아야 하는 절망의 순간이 다가올 때도 있습니다. 아주 작은 기대마저 품을 수 없는 절체절명(絶體絶命)의 위기를 만날 때도 있습니다.

많은 이들이 인생을 여행에 비유합니다. 매우 적절한 비유라 생각합니다. 그렇게 인생을 여행에 비유한 이야기 중 '보이지 않는 승차권 하나 손에 쥐고 떠나는 기차 여행'에 인생을 비유한 글을 읽은 적이 있습니다. 연습의 기회도 없이 한 번 승차하면 시간은 거침없이 흘러 되돌리지 못하고 절대 중도에 하차할 수도 없고 그저 길을 따라가야 하는 참 이상한 기차 여행이 인생이란 여행입니다. '죽음'이란 역에 이르러서야 기차가 멈추고 비로소 여행이 끝이 납니다. 그렇게 여행이 완전히 끝이 나야 기차에서 내릴 수 있습니다.

참 묘한 여행입니다. 일상에서 만나는 보통의 여행과는 비슷한 듯 참 다른 모습을 하고 있지요. 우리가 경험하는 여행은 대개 일정(日程)이 있습니다. 출발지와 목적지가 있고, 경유지가 있을 때도 많지요. 다소 차이가 있더라도 미리 정해진 계획(計

劃, plan)을 따라 진행됩니다. 그런데 인생이란 여행은 그렇지 않습니다. 알지 못하는 길을 알 수 없는 일정을 따라갑니다. 한 치 앞도 모르는 것이 인생이란 여행의 특징입니다. 변화무쌍(變化無雙)이라 해야 할지, 오리무중(五里霧中)이라 해야 할지.

인생이란 여행에서 여행자인 우리 인간은 정말 한없이 나약합니다. 굳이 '도토리 키 재기'를 한다면 '차이'를 발견할 수도 있겠지요. 그런데 그런 겉모양의 차이가 무슨 의미가 있을까요? 인생이란 여행을 구성하는 주요한 요건인 생로병사(生老病死), 희노애락(喜怒哀樂) 앞에서 우리는 말 그대로 평등(平等, equality)합니다. 인생을 'B와 D 사이에 있는 수많은 C'로 비유하기도 합니다. 탄생(birth)과 죽음(death) 사이에 수많은 선택(choice)이 있지요. 무엇을 선택하느냐에 따라 다른 모습의 인생이 만들어집니다. 똑같은 모습의 인생은 없다고 말하는 것이 옳을 것 같습니다. 하지만 그렇게 다양한 모습을 가진 인생이지만 시작과 끝은 같습니다. 탄생으로 시작되고 죽음으로 끝이 납니다. 예외가 없지요. 단 한 명의 예외도 없습니다.

여하튼, 참 이상한 밤이 지난 후 맞이하는 아침이었습니다. 고기 한 마리를 잡을 수 없었던 그 밤을 지난 아침, 순회 설교자로 명성을 얻고 있던 예수가 무리와 함께 갈릴리 호숫가에 나타

인생이란, 준비가 철저하고
성실하다고 기대한 것처럼
풀리는 것은 아닙니다

@북촌

때론 끝을 알 수 없는
긴 터널을 만나기도 합니다

났습니다. 웅성웅성, 사람들의 물결 속에 유독 돋보이는 한 사람이 있었습니다. 평범하다 못해 왜소해 보이는 외모를 소유하고 있었지만, 여느 사람에게서는 느낄 수 없는 강렬함이 그를 감싸고 있었습니다. 그가 바로 예수였습니다.

당시 시몬은 밤샘 조업을 마치고 매우 피곤한 몸으로 마무리 작업을 하고 있었지요. 그래서 호숫가에서 벌어지는 사건을 자세히 관찰할 형편이 되지 못했습니다. 고기 한 마리 잡지 못한 상태라 마음에 여유가 없었습니다. 다음 조업을 준비해야 하는 마음이 무거울 수밖에 없었지요. 다른 이들처럼 예수 앞으로 다가가고 싶었지만 그럴 수 없었습니다. 조상 때부터 기다려왔던 하나님 나라에 관한 말씀을 들을 기회가 다가왔지만 어쩔 수 없었습니다. 마무리 작업에 집중해야 했습니다. 더없이 좋은 기회였지만 아쉬워도 어쩔 수 없었지요. 다음 기회를 기대하며 생업(生業)에 집중해야 했습니다.

그런데 그렇게 마무리 작업에 집중하고 있던 시몬의 배 위로 예수가 뛰어올랐습니다.

갑작스러운 일이었습니다. 예상하지 못했던 일이었지요. 어떻게 반응해야 할지 생각할 겨를도 없이 사건이 진행되었습니다. 흠칫 당황해 머뭇거리고 있는데.

"배를 띄우라."

배를 육지에서 조금 띄워 달라는 예수의 요청이었습니다. 주위를 둘러보니 수많은 눈이 시몬을 주목하고 있었습니다. 조금 전까지만 해도 사건의 배경에서마저 조금 떨어져 있었는데 지금은 사건의 중심에 서 있게 되었습니다. 어쩌다 이렇게 된 것인지 질문하면 까닭은 단순합니다. 예수 때문입니다. 돌발적인 예수의 행동 때문에 일어난 일입니다. 예수가 시몬의 배에 뛰어오르지 않았다면 일어나지 않을 일이었습니다.

배를 띄워야 할까요? 거절해야 할까요?

지금 상황에서 배를 띄우면 시몬은 계속해서 사건의 중심에 남아있게 됩니다. 그러면 무리가 계속 시몬을 주목하겠지요. 물론 시몬 때문에 시몬을 주목하는 것은 아닙니다. 예수 때문에 주목하는 것이지요. 분명 무리는 시몬이 아닌 예수를 주목할 것입니다. 시몬은 그것을 잘 알고 있었습니다. 예수와 함께 있는 동안은 자신이 계속 주목받을 것을 알고 있었습니다. 예수와 함께 있는 동안은 말입니다.

그런데 시몬과 달리 우리는 자주 이 사실을 잊어버립니다. 세상이 예수가 아닌 우리 자신을 주목하고 있는 양 착각할 때가 있지요. 세상이 나의 '무엇' 때문에 '나'를 주목하고 있는 것으로 여깁니다. 때로 그 시선을 즐기기도 하고 부담스러워 피하기도 합니다. 이런 모습을 어떻게 정리하면 좋을까요? 여우가 호랑이의 위세를 빌리다는 뜻으로, 남의 권세를 빌려 허세를 부림을 비유하여 이르는 말인 호가호위(狐假虎威)라는 말로 표현하면 될까요? 아니면 물에 비친 자신의 모습에 반해 자기와 같은 이름의 꽃인 나르키소스, 즉 수선화(水仙花)가 된 그리스 신화의 미소년 나르키소스와 연관 지어, 독일의 정신과 의사 네케가 1899년에 만든 나르시시즘(narcissism)이란 말로 표현하면 될까요?

정확히 알고 있어야 합니다. '자기 자신의 행위나 특질에 부당하게 큰 가치를 부여하는 사람의 성격'을 일컫는 자기애(自己愛, narcissism)와 '자신에 대한 존엄성이 타인의 외적인 인정이나 칭찬에 의한 것이 아니라 자신 내부의 성숙된 사고와 가치에 의해 얻어지는 개인의 의식'을 의미하는 자아존중감(自我尊重感, self-esteem)은 같지 않습니다. 비슷한 듯 보이는 부분이 혹 있다고 해도 결코 같지 않습니다. 착각(illusion)에서 깨어나야 비로소 참된 자신(self)을 발견할 수 있습니다.

여하튼…

지금 배를 띄운다는 것은 이런저런 불편을 감수해야 하는 결정입니다. 시몬은 밤샘 조업을 마치고 그물을 정리하고 있었습니다. 배를 띄워 호수로 나갈 상황이 아니었지요. 빈 배로 돌아온 최악의 아침이었습니다. 여느 날과는 달리 몸도 마음도 많이 지쳐있었습니다. 그물 정리가 끝나면 곧장 집으로 돌아가 잠을 청할 계획이었습니다. 짧은 시간이라도 모든 것으로부터 거리를 두어야 할 필요가 있었습니다. 몰려드는 피곤을 정면으로 맞이하기에는 힘에 부친 상황이었습니다.

게다가 배를 띄우면 그곳에 모인 이들은 계속 시몬의 배를 주목할 것입니다. 고기 한 마리 없이 텅 비어 있는 배를 말입니다. 바람처럼 스쳐 지나가는 시선이라면 눈치채지 못하겠지만, 예수의 설교가 진행되는 동안 주목하다 보면 누구나 알게 될 것입니다. 시몬의 배가 텅 비어 있다는 것을. 어부에게 텅 빈 배는 수치일 수밖에 없습니다. 가리고 감추어야 할 죄악은 아니지만 드러내고 자랑할 일도 아니지요. 작은 실패라도 인생의 실패는 그 무게가 참 무겁습니다.

배를 띄워야 할까요? 거절해야 할까요?

시몬은 배를 띄웠습니다. 말이 아닌 행동으로 예수의 요청에 대답했습니다. 묵묵히 행동했습니다. 하던 일을 중단하고 배를 띄웠지요. 갑작스러운 일이었습니다. 예고 없이 일어난 일이었지요. 계획에 없던 일이라 거절할 수도 있었습니다. 그런데 시몬은 갑작스럽게 등장한 예수에 대해 부정적 반응을 보이지 않았습니다. 불청객처럼 갑자기 나타난 사람에게 친절을 베푸는 것은 쉽지 않습니다. 대개 경계하고 거절합니다. 친절하게, 그러나 단호하게 거절하지요. 그런데 시몬은 예수를, 그리고 예수의 요청을 거절하지 않고 받아들였습니다. 자연히 하려던 일도 잠시 뒤로 미뤄야 했습니다.

아마도 예수에 관한 소문이 영향을 주었을 것입니다. 이미 명성을 얻고 있었으니 경계를 풀고 요청을 받아들일 수 있었을 것입니다. 그렇다고 해도 이렇게 결정하기가 쉽지 않았을 것입니다. 예수에 대해 모든 사람이 호의적인 것은 아니었지요. 경계하고 적대적인 반응을 보인 이들이 많았습니다. 그도 그럴 것이 이런저런 모양의 선지자들이 많았습니다. 저마다 이스라엘의 해방(解放)과 회복(恢復)을 예언했지요. 명성을 얻고 세력을 얻고 거사를 일으킨 이들도 있었습니다. 하지만 이스라엘의 해방과 회복은 여전히 미래의 일로 남아있었습니다. 희망(希望)은 절망(絶望)이 되고, 기대(期待)는 허무(虛無)가 되어 돌아왔습니다. 다시 새로운 희망을 품는 것은 더 큰 절망을 감수해야 하는 선택이었습니다.

여하튼...

시몬과 예수의 역사적 만남은 이렇게 시작되었습니다. 배에 오른 예수는 시몬의 배를 설교단으로 삼아 무리를 향해 말씀을 선포했습니다. 명성(名聲)이 거짓이 아니었습니다. 대개 소문(所聞)은 부풀려지기 마련인데 오히려 그 반대였습니다. 명성으로는 전부를 담아낼 수 없는 사람, 소문으로는 온전히 전달할 수 없는 가르침이었습니다. 이전까지 그 누구도 예수와 같은 권위로 말씀을 전하지 못했습니다. 하나님 나라에 관한 놀라운 소식이 선포되었습니다. 호숫가에 모여든 무리가 큰 감동을 했습니다.

그런데 호숫가에 모인 무리보다 더 감동을 한 사람이 있었습니다. 바로 시몬입니다.

시몬은 그 어떤 이보다 가장 가까운 거리에서 예수의 설교를 들을 수 있었습니다. 자신의 배에 갑작스레 뛰어오른 예수를 거절하지 않았기에, 배를 띄우라는 예수의 요청을 거절하지 않았기에 누릴 수 있었던 경험이었습니다.

참 이상한 아침이었습니다. 빈 배로 돌아온 절망의 아침이었

@북촌

인생이란 여행에서 여행자인 우리 인간은
정말 한없이 나약합니다
무엇을 선택하느냐에 따라 다른 모습의 인생이
만들어집니다

하지만 그렇게 다양한 모습을 가진
인생이지만 시작과 끝은 같습니다
탄생으로 시작되고
죽음으로 끝이 납니다

@북촌

는데 새로운 희망을 품는 아침이 되었습니다. 까닭은 단순합니다. 예수 때문입니다.

이런저런 모양으로 자주 인생의 밤을 경험하며 살지요. 산다는 것이 이런저런 이유로 피곤할 때가 많습니다. 힘에 부치고 절로 한숨이 나옵니다. 웃으며 살아도 힘든 것이 인생인데 기대하는 것처럼 흘러가지 않을 때가 많습니다. 이런 현실에서 벗어나기 위해 애를 쓰며 삽니다. 인생 앞에 나약한 것이 인간입니다. 그런데 예상하지 못했던 사건이, 예고되지 않았던 만남이 힘든 인생에 새로운 희망을 가져다줄 때가 있습니다. 시몬이 경험했던 그 이상한 아침이 우리의 아침이 될 수 있습니다.

그러니 포기해서는 안 됩니다. 아무리 힘들어도 포기해서는 안 됩니다. 인생의 밤이 깊고 길다고 해서 포기해서는 안 됩니다. 아침이 오기까지 힘들어도 기다려야 합니다. 아니 밤이 깊고 길수록 더욱 간절히 아침을 기다려야 합니다. 우스갯소리로 ‘포기’는 김장철에나 필요한 말이라고 합니다.

그 이상했던 밤, 고기 한 마리 잡을 수 없었던 그 밤. 시간이 지나고 주변 배들은 하나둘 집으로 돌아갔지요. 하지만 시몬의 배는 돌아갈 수 없었습니다. 텅 비어 있었기 때문에. 조금만 더 노력하면 돌아갈 수 있으리라 생각했을 것입니다. 하지만 기대와 달리 그 밤은 큰 절망을 가져다주었습니다. 시간이 흐르고 돌아가야만 할 시간이 다가왔지만 시몬의 배는 여전히 텅 비어 있었습니다. 그래도 시몬은 포기하지 않았습니다. 밤을 새워 노력했습니다. 그러다 그 이상한 아침을 맞이하게 된 것입니다.

아침이 오기 전 시몬이 바다를 떠났다면 어떻게 되었을까요?

절망을 온몸으로 느끼는 시간이 조금 줄어들었겠지요. 하지만 희망의 아침을 만날 수는 없었을 것입니다. 그러니 포기하지 말아야 합니다. 아무리 힘들어도 포기하지 말아야 합니다. 아침이 오기까지 힘들어도 기다려야 합니다.

시몬이 배를 띄우지 않았다면 어떻게 되었을까요?

절망의 밤은 결코 희망의 아침으로 바뀌지 않았을 것입니다. 그러니 예수의 요청을 거절해서는 안 됩니다. 예고 없이 갑작스레 다가온 요청이라 해도 거절해서는 안 됩니다. 절대 예수를 거절해서는 안 됩니다. 불쑥 예상하지 못한 곳에서 만나게 된다고 해도 예수를 거절해서는 안 됩니다.
우리 인생은 예수와의 만남 없이는 생명을 얻을 수 없습니다. 희망을 얻을 수 없습니다.

Part 04

깊은 데로 가서 그물을 내려 고기를 잡으라

절망을 품고 돌아가야 했던 아침이 예수 덕분에 달라졌습니다. 까닭조차 알 수 없었기에 허탈함이 클 수밖에 없었던 절망의 밤이었지요. 어쩌면 30년 가까이 프로 어부로 살면서 처음 경험하는 일이었을 지도 모릅니다. 텅 빈 배로 인한 허탈함을 온몸으로 경험해야만 했던 절망의 밤이었습니다. 그런데 예수의 갑작스러운 등장에 절망의 밤은 새로운 희망을 품는 아침이 되었지요. 전화위복(轉禍爲福)이라고 해야 할까요? 새옹지마(塞翁之馬)라고 해야 할까요? 정말 우리 인생은 변화무상(變化無常)합니다.

어쩌면 이런 변화무상 때문에 견디기 힘든 날들이 이어져도 포기하지 않고 마음 한편 단단히 희망을 품고 살아가는지도 모르겠습니다. 살아가는 동안에 우리는 여러 가지 일 때문에 울고, 웃고, 기뻐하고, 슬퍼합니다. 그래서일까요. 우리는 '인간 만사 새옹지마(人間萬事 塞翁之馬)'라는 말을 자주 합니다. 새옹 득실(塞翁得失)이라고도 하고 새옹화복(塞翁禍福) 또는 새옹마(塞 翁馬)라고도 하는 '새옹지마(塞翁之馬)'는 글자 그대로 '국경의 북쪽 새상(塞上)에 사는 늙은이(翁)의 말'이란 뜻으로 다음과 같 은 유래가 전해집니다.

중국의 북쪽 변방에 한 늙은이가 말을 기르고 살았다. 어느 날 그가 기르는 말이 도망쳐 오랑캐들이 사는 국경 너머로 가버렸다. 마을 사람들이 이를 위로하자 늙은이는 "이것이 또 무슨 복이 되는지 알겠소?"하고 조금도 낙심하지 않았 다. 몇 달 후 뜻밖에도 도망갔던 말이 오랑캐의 좋은 말 한 필을 데리고 돌아오자 마을 사람들이 이것을 축하했다. 그 러자 그 늙은이는 "그것이 또 무슨 화가 되는지 누가 알아 요?"라고 말했다. 그런데 어느 날 말타기를 좋아하던 늙은 이의 아들이 그 말을 타고 달리다가 말에서 떨어져 다리가 부러졌다. 마을 사람들이 아들의 다리가 부러진 것을 위로 하자 늙은이는 "이 일이 혹시 복이 되는지 누가 알겠소?"라 고 태연하게 말했다. 그로부터 1년이 지난 어느 날 전쟁이 일어나서 오랑캐들이 쳐들어왔다. 마을의 장정들은 싸움

터에 불려 나가 싸우다가 모두 전사했는데, 늙은이의 아들은 말에서 떨어진 뒤 절름발이가 되어 전쟁에 나가지 않았기에 무사할 수 있었다.

요즘 사용하는 신조어 중에 '웃프다'라는 말이 있습니다. '웃기다'와 '슬프다'의 합성어인데요. 웃기지만 슬픈 상황이나 슬프지만 웃음이 나오는 상황을 표현하는 말입니다. 어떤 이는 이 '웃프다'라는 말이 우리 인생을 있는 그대로 담아내는 최고의 표현이라고 하더군요. 웃프게도 동의할 수밖에 없었습니다. 새옹의 늙은이가 그 말 때문에 길흉(吉凶)과 화복(禍福)이 반복되어 일어났던 것처럼 인간의 길흉화복(吉凶禍福)은 쉽게 예측할 수 없습니다. 그러므로 새옹지마의 이야기처럼 좋은 일이나 나쁜 일에 너무 가볍게 흥분하지 말아야 합니다.

'웃픈 인생, 인간만사 새옹지마' 입니다.

시몬에게 다가왔던 절망의 밤이 우리에게도 다가올 수 있습니다. 동시에 시몬에게 다가왔던 특별한 아침이 우리에게도 다가올 수 있습니다. 오늘 혹은 내일이 예기치 못한 특별한 날이 될 수도 있습니다.

　어린 시절 「운수 좋은 날」이란 소설을 교과서를 통해 만난 적이 있습니다. 「운수 좋은 날」이란 제목이 던져주는 첫인상과는 사뭇 다른 내용과 결말 때문이었는지, 교과서를 통해 만난 작품이지만 다른 작품과는 달리 오랫동안 기억 속에 자리하고 있습니다. 「운수 좋은 날」은 현진건(玄鎮健, 1900~1943)이란 천재 작가의 작품입니다. 작품은 작가와 분리해 생각할 수 없지요. 작품은 작가의 사상이나 경험에 뿌리를 두고 있을 뿐 아니라 작가의 삶과 닮아있을 때가 많습니다. 1900년 대구에서 태어나 1943년 향년 44세의 나이에 장 결핵으로 세상을 떠나기까지 현진건의 삶은 말 그대로 식민지의 슬픔을 온몸으로 끌어안는 것이었습니다.

　현진건은 1920년 개벽 11호에 〈희생화〉를 발표함으로써 작가 생활을 시작했습니다. 1921년 개벽 1월호에 〈빈처〉를 발표해 명성을 얻었고, 이듬해 1922년 〈백조〉 동인이 되었습니다. 그런데 1936년 일장기 말살사건(日章旗抹殺事件)에 연루되어 옥고를 치렀습니다. 1936년 〈동아일보〉와 〈조선중앙일보〉가 베를린 올림픽 마라톤 경기에서 우승한 손기정(孫基禎) 선수의 사진을 실으면서 가슴의 일장기를 지워 버림으로써 일어난 일제의 언론탄압 사건이 바로 일장기 말살사건입니다.

　1936년 8월 1일, 독일 베를린에서 열린 제11회 올림픽 마라

톤에서 손기정이 우승, 남승룡(南昇龍)이 3위를 했습니다. 이 대회의 기록영화가 들어오자, 〈동아일보〉는 이 영화의 소개 기사란에 손기정 선수의 사진에서 가슴의 일장기를 지워버린 채 실었습니다. 이 사건으로 사회부장 현진건, 사진부장 신낙균, 사진을 수정한 화가 이상범 등이 체포되어 구류처분을 당했습니다. 사장 송진우, 편집부장 설의식, 체육부 기자 이길용 등은 언론계 활동을 금지당했습니다. 〈동아일보〉는 8월 27일자로 네 번째 무기 정간당했다가 9개월 후 복간되었습니다. 〈조선중앙일보〉 역시 9월 5일자로 무기 정간당했는데 그 후 복간되지 못하고 1937년 11월 5일자로 폐간되었습니다.

소설가이자 언론인이었던 현진건은 1921년 조선일보사에 입사함으로써 언론계에 첫발을 내디뎠습니다. 1922년에는 동명사(東明社)에 입사, 1925년 그 후신인 〈시대일보〉가 폐간되자 동아일보사로 옮겼습니다. 그리고 1936년 사회부장 당시 일장기 말살사건으로 인해 구속되었습니다. 1937년 동아일보사를 사직하고 소설 창작에 전념했습니다. 빈궁 속에서도 친일문학에 가담하지 않은 채 부암동에서 양계하며 침묵의 세월을 보내다가 1943년, 광복을 두 해 앞두고 세상을 떠났습니다.

'현진건'이란 소설가의 삶에 대해 비교적 자세히 소개하는 것은, 앞서 이야기했듯 작가 현진건의 삶이 그의 작품「운수 좋은 날」과 참 많이 닮았다는 생각 때문입니다.「운수 좋은 날」의 줄거리를 소개하면 다음과 같습니다.

인력거꾼 김 첨지는 열흘 동안 돈 구경도 못 하다가 이날따라 운수 좋게 손님이 계속 생겼다. 그의 아내는 기침을 쿨럭거리는 것이 달포가 넘었고 열흘 전 돈을 얻어 조밥을 해 먹고 체해 병이 더 심해져 있었다. 이날 돈이 벌리자 김 첨지는 술 한잔 할 생각과 아내에게 설렁탕을 사주고 세 살배기 자식에 죽을 사 줄 수도 있다는 마음에 기뻤다. 이즘 집으로 돌아가야겠다고 생각할 때 또 손님이 생겼다. 순간 아침에 오늘은 나가지 말라고 하던 병든 아내 생각이 나서 주저하다가 일원 오십 전에 남대문 정거장까지 가기로 한다. 그런데 그렇게 지나는 길목에 집이 있었다. 이상할 정도로 다리가 가뿐하다가 집이 가까워지자 다리가 무거워지고 나가지 말라던 아내의 말이 귀에 울렸다. 개똥이(자식)의 울음마저 들리는 듯해 자신도 모르게 멈춰 있다가 손님의 말에 정신을 차리고 다시 가기 시작했다. 집에서 멀어질수록 발은 가벼워졌다. 남대문 정거장에서 기생 퇴물 아니면 난봉 여학생쯤으로 보이는 여인에게 귀찮게 군다는 말을 듣고 기분이 상한 후 운 좋게 또 한 손님을 태우고 인사동에 내려 주었다. 황혼이 가까울 무렵 벌이는 기적에 가까웠으나 왠지 불행을 향해 다가가고 있는 것 같아 집에 가기가 두려워졌다. 그럴 즈음 친구 치삼이를 만나 같이 술을 하게 되고 지나치게 술을 하자 치삼이는 말렸다. 그러나 돈을 많이 벌었다는 주정과 함께 돈에 대해 원망하다가 술을 더 하고 설렁탕을 사 들고 집으로 간다. 왠지 아내가 죽었을 것 같은 불길한 예감이 들었었다. 집에 들어서자 너무도 적막해 아내가 나와 보지도 않는다고 소리를 지르며 불길함을 이기려 한다. 방문을 열자 아내는 죽어 있고 개똥이는 울다 울다 목이 잠겨 축 늘어져 있었다. 김 첨지는 닭똥 같은 눈물을 흘리며 제 얼굴을 죽은 아내에게 비비며 "설렁탕 사 왔는데 왜 먹지 못하니, 왜 먹지 못하니? 괴상하게도 오늘은 운수가 좋더니!" 하고 한탄한다.

이처럼 '운수 좋은 날'이란 제목과 내용은 역설적인 관계에 놓여있습니다. 이 역설적인 관계를 통해 현진건은 식민지 하층민의 슬픈 일상을 이야기합니다. 그저 하루였지요. 다른 날들과 다를 것이 없었던 하루였습니다. 다른 것이 있다면 운수 좋은 날이었지요. 그렇게 몹시도 웃픈 날, 김 첨지는 그 이전의 날들과는 전혀 다른 경험을 합니다. 김 첨지가, 그리고 현진건이 살았던 시절, 그들의 입과 가슴에서 끊이지 않고 계속되었을 것 같은 노래가 있습니다. 작사가가 누구인지, 작곡가가 누구인지 알 수 없는 노래입니다. 어쩌면 그 시대를 살았던 보통의 사람들 모두가 이 노래의 작사가이고 작곡가인지도 모르겠습니다. '희망가'란 노래입니다.

이 풍진 세상을 만났으니 너의 희망이 무엇이냐
부귀와 영화를 누렸으면 희망이 족할까
푸른 하늘 밝은 달 아래 곰곰이 생각하니
세상만사가 춘몽 중에 또다시 꿈같구나

부귀와 영화를 누릴지라도 봄 동산 위에 꿈과 같고
백 년 장수를 할지라도 아침에 안개로다
담소화락(談笑和樂)에 엄벙덤벙 주색잡기에 침몰하랴
세상만사를 잃었으면 희망이 족할까

'희망가(希望歌)'. 분명 희망을 노래하고 있는데 분위기는 그렇지 않지요. 역설(逆說, paradox)이라 해야 할까요? 아니면 현실(現實, reality)이라 해야 할까요? 일제강점기 그 슬픈 시절 보통

참된 가르침과 깨달음은 삶과 인격을 향하는 법입니다
깨달음을 얻었다면 자신의 자리로 돌아가
삶과 인격을 변화시키고 성숙시켜야 합니다

그렇게 참된 변화와 성숙의 열매를 맺는
가르침이고 깨달음이어야
비로소 참되다 할 수 있습니다

@북촌

사람들의 고된 삶과 희망을 담은 노래이니 그럴 수밖에 없었겠다는 생각이 듭니다. 그런데 이 노래를 듣고 따라 하다 보면 옛 선인들의 노래가 아니라 지금 우리들의 노래라는 생각이 듭니다. 무언가 울컥 끓어오르는 것이 있지요. 세월이 흘러 많은 것이 변했는데 보통 사람의 삶은 그리 변한 것이 없는 것만 같습니다.

운수 좋은 날, 그날 김 첨지의 경험은 단지 그의 것만이 아니라 바로 우리의 경험이기도 합니다. 웃픈 인생을 살아가는 우리 역시 기존의 여러 날과는 비교할 수 없는 하루를 경험할 때가 있지요. 그 날을 통해 이전의 날들을 통해서는 경험할 수 없었던 새로운 차원의 인생을 살게 되기도 합니다. 결코, 모든 날이 다 같은 날이 아닙니다. 겉모습이 같아 반복되는 것처럼 느껴질 뿐 우리 인생은 의미 없는 반복이 아닙니다. 김 첨지의 운수 좋은 날이든 시몬의 특별한 아침이든 우리에겐 반드시 특별한 하루가 있습니다.

여하튼…

정말 특별한 아침이었습니다.

그 이전 어떤 아침과도 비교할 수 없는 아주 특별한 아침이었지요. 하지만 여전히 배는 비어 있었습니다. 그러니 손에 들고

갈 것은 없었지요. 빈손으로 돌아가야 했습니다. 그래도 얼굴엔 웃음이 가득했습니다. 정말 환하게 웃을 수 있어 웃는 것이었습니다. 허탈함을 달래기 위한 웃음이 아니었지요. 빈 배였으니 빈손으로 돌아가야 했지만, 가족에게 전해 줄 것이 생겼습니다. 그 어떤 것보다 값진 것을 전해 주게 되었습니다. 바로 하나님 나라에 관한 이야기 말입니다. 예수를 만나지 못했다면 들을 수 없었던, 그러기에 전해 줄 수 없는 이야기입니다.

빈 배를 다시 채우기까지는 노력이 필요합니다. 이래저래 놓쳐버린 시간이 많아 이전보다 더 많은 땀을 흘려야 합니다. 그렇게 고된 노동이 기다리고 있었지만 행복했습니다. 예수를 만난 기쁨, 하나님 나라에 관한 이야기를 들은 기쁨 때문이었습니다. 텅 비어 버린 배의 상태가 기대와 달리 빨리 해결되지 않는다면 큰 어려움을 겪을 수도 있습니다. 어업이 가장 큰 산업인 갈릴리 바다니 그런 걱정할 까닭은 없지만, 혹이나 그런 일이 생긴다 해도 기쁨이 줄어들지는 않을 것입니다. 비교 불가한 기쁨은 상황이나 조건에 얽매이지 않지요. 가장 소중하고 가치 있다고 여기던 것으로 인한 행복은 쉽게 흔들리지 않습니다.

여하튼...

시몬의 배를 설교단 삼아 선포되던 예수의 설교는 끝이 났습니다.

설교는 끝이 났지만, 무어라 표현하기 어려운 여운과 감동이 계속되었지요. 하지만 설교는 끝이 났고 이제는 모두 돌아갈 시간입니다. 무리도 시몬도 예수도 이제는 돌아가야 할 시간입니다. 설교가 아무리 좋다 하더라도 설교에 머물러 있어서는 안 되지요. 가르침과 깨달음은 결코 그 자체를 목표로 삼아서는 안 됩니다. 참된 가르침과 깨달음은 삶과 인격을 향하는 법입니다. 깨달음을 얻었다면 자신의 자리로 돌아가 삶과 인격을 변화시키고 성숙시켜야 합니다. 그렇게 참된 변화와 성숙의 열매를 맺는 가르침이고 깨달음이어야 비로소 참되다 할 수 있습니다.

호숫가에 모여 있던 무리가 흩어지기 시작했습니다. 그렇게 무리가 흩어지면서 예수를 향해 있던 무리의 시선도 흩어졌지요. 하지만 시몬은 계속 예수를 주목하고 있었습니다. 아니 이전보다 더 집중해 예수를 주목했습니다. 갑작스럽게 자신의 인생에 뛰어든 불청객(不請客, 오라고 청하지 않았는데도 스스로 찾아온 손님)이었지만 가장 소중한 깨달음을 얻게 해 준 선생(Master)이었기에 예수를 향한 시몬의 눈길에는 어느새 존경과 사랑이 담겨있었습니다.

그리 길지 않은 단 한 번의 만남, 화려한 무엇도 충격적인 무엇도 없었던 오히려 조용하고 평범했던 만남, 그러나 어떤 만남보다 강렬했던 만남. 시몬은 절대 이 만남을 잊지 않으리라 아니 잊지 못하리라 생각했습니다.

그런데 지금은 돌아가야 할 시간입니다. 배도 사람도 돌아가야 합니다. 수고했다, 고맙다는 말을 주고받으면서 마무리할 시간입니다. 요즘 같으면 기념 촬영도 하고 사인도 받고 그랬을 바로 그 시간입니다. 아쉬워도 다음을 기약하고 돌아가야 합니다. 떠났던 육지로 돌아가야 할 시간입니다.

그런데 가르침을 끝낸 예수의 행동이 무언가 심상치 않습니다. 호숫가를 가득 채우고 있던 무리는 흩어지기 시작했지요. 그런데 예수는 호숫가로 돌아갈 생각이 없습니다. 오히려 배를 더 깊은 곳으로 가도록 요구합니다.

"깊은 데로 가서 그물을 내려 고기를 잡으라."

순간 귀를 의심할 수밖에 없었습니다. 전혀 예상하지 못했던 말이었습니다.

"깊은 데로 가서 그물을 내려 고기를 잡으라."

씨아이기자
나타
나가사키
짬뽕
DAY
매주 수요일은
₩1,000원
할인
LG전자
휘센

이 말은 하나님 나라에 관한 가르침이 아니지요. 구원에 관계된 메시지도 아니고요. 고기 잡는 일에 관한 이야기입니다. 하나님 나라에 관한 설교라면, 구원과 영생에 관한 가르침이라면 자연스러울 텐데, 왜 지금 예수는 고기 잡는 일에 관한 이야기를 하는 걸까요? 전직 목수(木手, carpenter)였던 예수가 현직 프로 어부(漁夫, fisherman)인 시몬에게 왜 굳이 이 말을 하는 걸까요? 배를 만드는 일, 배에 관한 이야기라면 이해가 되는데 고기 잡는 일에 관한 이야기입니다.

"깊은 데로 가서 그물을 내려 고기를 잡으라."

어떻게 해야 할까요? 예수의 요청을 받아들이면 깊은 데로 가야 합니다. '깊은 바다'. 피하고 피해왔던 곳입니다. 조상 때부터 악한 영이 지배하는 곳이라 여기던 곳, 그래서 모두가 꺼리던 곳이지요. 그래서 아무도 가지 않으려 하는 곳입니다. 초보 어부들이 어쩌다 잘못 길을 들어 그곳을 지나는 경우는 있었지만, 프로 어부들은 그런 실수를 하지 않았습니다. 그런데 이제는 그곳으로 가야 합니다. 다른 까닭은 없습니다. 예수가 그곳으로 가자고 하니 가야 합니다. 금기(禁忌, taboo)에 대한 도전도, 모험도 아닙니다. 요청이 있어 가는 것뿐입니다.

어떻게 해야 할까요?

드디어 시몬이 입을 열었습니다. 배를 띄워달라는 예수의 첫 번째 요청에는 묵묵히 행동으로 반응했던 시몬이었습니다. 그런데 이번에는 달랐습니다.

"선생님, 우리들이 밤이 새도록 수고하였으되 잡은 것이 없지마는 말씀에 의지하여 내가 그물을 내리리이다."

시몬의 말처럼 시몬과 동료들은 밤이 새도록 수고했습니다. 호수 이곳저곳을 참으로 열심히 돌아다녔습니다. 셀 수도 없을 만큼 여러 번 그물을 내리고 올리고를 반복했지요. 하지만 잡은 것이 없었습니다. 정말 이해할 수 없는 밤이었지요. 30년 가까이 프로 어부로 살아온 시몬이었지만 이해할 수 없는 밤이었습니다. 그간 쌓아온 경험과 지식을 모두 동원해도 극복할 수 없는 밤이었고 이해할 수 없는 밤이었습니다. 그런 밤을 경험했던 시몬이 입을 열었습니다.

"말씀에 의지하여 내가 그물을 내리리이다."

아무리 생각해도 지금 시몬의 반응은 프로 어부로서의 결단이나 행동이 아닙니다. 초보 어부라면 몰라도 뼛속까지 어부인 시몬입니다. 시몬의 행동은 어부로서의 자신의 경험과 상식을 뛰어넘고 있습니다. 선생인 예수 앞에서 자신의 경험과 지식을 내려놓고 있습니다. 아니 자신을 통째로 내려놓고 있습니다.

지금 시몬의 반응은 결과에 대한 확실한 보장이 있어서 따르겠다고 말하는 것이 아닙니다. 이성과 합리의 잣대로 계산하고 하는 반응이 아닙니다. '옳거니 그렇게 하면 고기를 잡을 수 있겠다!' 는 생각으로 대답한 것이 아닙니다. 때로 외부 자극 덕분에 알고 있던 것이지만 놓치고 있던 것을 떠올릴 때가 있지요. '아, 그래. 그런 방법이 있었지'하고 말입니다. 그런데 지금 시몬의 상황은 그런 상황이 절대 아닙니다. 선생인 예수의 요청이기에 단순하게 믿고 순종하겠다고 결단했고 그 마음을 이렇게 고백합니다.

"말씀에 의지하여 내가 그물을 내리리이다."

우리 삶 속에는 수많은 말이 존재합니다. 그저 소음(騷音, noise)처럼 귓가를 스쳐 지나가는 말이 대부분이지만, 그 말 중에는 우리의 생각과 행동에 상당한 영향력을 끼치는 말(言,

language)이 있습니다. 사실 어떤 말에 따라 행동하느냐가 그 사람이 누구인지를 결정한다고 해도 과언(過言)이 아닙니다. 이미 오랜 시간 동안 우리의 생각과 행동을 지배해 온 말들이 있지요. 개인마다 문화마다 사회마다 차이가 나기도 하고, 인종에 따라 성별에 따라 사회적 지위에 따라 차이가 나기도 합니다. 여하튼 이런 말들이 좋은 것이든 그렇지 못한 것이든 우선 내려놓아야 합니다. 새로운 삶을 시작하려고 한다면 말입니다. 다시 그것을 움켜잡게 된다고 하더라도 일단 내려놓아야 합니다. 그래야 그것의 영향력에서 벗어날 수 있습니다.

시몬이 자신의 경험과 지식에 갇혀
예수의 요청을 무시하거나 거절했다면
어떻게 되었을까요?

거절했다면 그 내용이 무엇이든 새로운 이야기는 시작되지 않았을 것입니다. 거절로 인한 미안함과 함께 육지로 돌아가겠지요. 어색한 인사와 함께 헤어졌을 것입니다. 그리곤 오늘까지 반복되었던 일상(日常)으로 돌아갔을 것입니다. 어쩌면 새로움의 시작은 익숙한 것과의 결별(訣別)이 만들어 내는 것인지도 모르겠습니다. 익숙한 것과의 결별, 말은 쉽지만 쉬운 일이 아니지요. 세상은 그 익숙한 것을 따라 살아가라고 이야기합니다. 다들 그렇게 산다고, 익숙한 것과 헤어져 홀로 새로운 시작을 하는 것은 위험하다고 이야기합니다. 사실 위험한 일이지요. 외로운 일일 겁니다. 하지만 그렇게 익숙한 것에 머물러 있으면 새로운 시작은 없습니다.

자신이 누구인지 확인할 수 있는 아주 간단한 방법이 있습니다. 어떤 말에 끌려 움직이는지 확인해 보는 것입니다. 익숙한 것에 끌려 움직인다면 새로운 도전이나 변화를 두려워하고 있다는 의미입니다. 겉으로 변화와 도전을 얼마나 말하느냐가 중요한 것이 아니지요. 익숙한 것에 끌려 움직이는지, 새로운 도전과 변화를 위해 익숙한 것과 결별하는지가 중요하지요.

"깊은 데로 가서 그물을 내려 고기를 잡으라."
"선생님 우리들이 밤이 새도록 수고하였으되 잡은 것이 없지마는 말씀에 의지하여 내가 그물을 내리리이다."

19세기 덴마크의 철학자이자 신학자였던 쇠렌 키르케고르(Søren Aabye Kierkegaard, 1813~1855)는 이렇게 말했습니다.

"문제는 단순하다. 성경은 이해하기 쉽다. 그러나 우리는

세상은 우리를 그냥 두지 않습니다
유혹하고 겁박해
자신을 따르도록 만듭니다

그게 세상입니다

성경을 이해하게 되면 그대로 살아야 한다는 걸 너무나 잘 알기에 말씀을 이해하지 못한 척한다."

시몬을 보십시오.

상식이나 경험과는 반대되는 가르침이었지만, 선생인 예수의 말씀이었기에 받아들이고 의지합니다. 참된 가르침과 깨달음은 가르침과 깨달음 그 자체가 목적이 아니기에 가르침의 자리, 깨달음의 자리에 머물러 있으려 하지 않습니다. 머리와 몸이 분리될 수 없듯 깨달음과 삶은 분리될 수 없지요.

시몬은 예수의 말씀을 따라 깊은 곳으로 가기로 합니다. 그곳이 가고 싶은 곳이기에 내린 결정이 아닙니다. 익숙한 틀에 갇혀 있었다면 절대 내릴 수 없는 결정입니다.

시몬처럼 익숙한 것과 결별하고
새로운 도전을 시작하려면 어떻게 해야 할까요?

우리도 다르지 않지요. 시몬의 길을 따라야 합니다. 우리 속에 이미 존재하고 있는 세상의 소리부터 걸러내야 합니다. 주변을 가득 채우고 있는 세상의 소리를 차단해야 합니다. 그렇게 익숙한 것에서 벗어나야 비로소 새로운 소리를 들을 수 있습니다. 소음이 크면 집중한다고 해도 들어야 할 소리를 들을 수 없습니다. 하나님 말씀에 집중하려면 세상의 소리부터 걸러내고 차단해야 합니다.

그렇게 걸러내고 차단해야 하는 세상의 여러 소리 중 먼저 걸러내고 차단해야 하는 소리가 있지요. 사람마다 차이가 있을 수도 있겠지만, 예외 없이 모두에게 해당되는 것도 있습니다. 가르침과 깨달음이 삶과 인격으로 이어지지 못하도록 그저 가르침과 깨달음의 자리에 머물게 하는 소리부터 걸러내고 차단해야 합니다.

세상은 참 묘하게도 우리가 하나님 나라 백성이라는 이름표를 붙이고 사는 것은 문제 삼지 않습니다. 그런데 실제 삶에서는 세상 방식을 따라 살아가도록 만듭니다. 세상은 우리를 절대 그냥 두지 않지요. 우리를 유혹(誘惑, enticement)하고 겁박(劫迫, intimidation)해 자신을 따르도록 만듭니다. 그게 세상입니다.

우리는 하나님의 말씀에 끌려 결단하고 행동하는 사람을 '하나님의 사람'이라 합니다. 그렇다면 세상의 소리에 끌려 움직이는 사람을 무어라 호칭해야 할까요? 세상의 사람이라 해야 마땅합니다. 그런데 익숙한 모습이라 그런지 그렇게 부르는 경우가 많지 않지요. 무언가 특별한 문제가 일어나야만, 명백히 죄라고 부를 수 있는 일이 벌어져야만 그제야 '세상의 사람'이라 합니다. 이런 머뭇거림이 회색 지대를 만들지요. 세상 사람인 듯 하나님의 사람인 듯 구별이 되지 않는 사람을 만들어 냅니다. 실제 삶에서는 세상 방식을 따라 살지만, 겉으로 하나님의 사람이란 이름표를 달고 있는 사람을 만들어 냅니다.

익숙한 것과 결별해야 합니다. '깊은 바다'로 나아가지 못하도록 하는 것들과 결별해야 합니다. 세상의 소리를 걸러내야 하지요. 하나님 말씀 앞에 익숙한 것들을 내려놓아야 합니다. 그래야 세상의 소리에 끌려다니지 않고 하나님의 말씀이 우리를 이끌어갈 수 있습니다.

@영종도

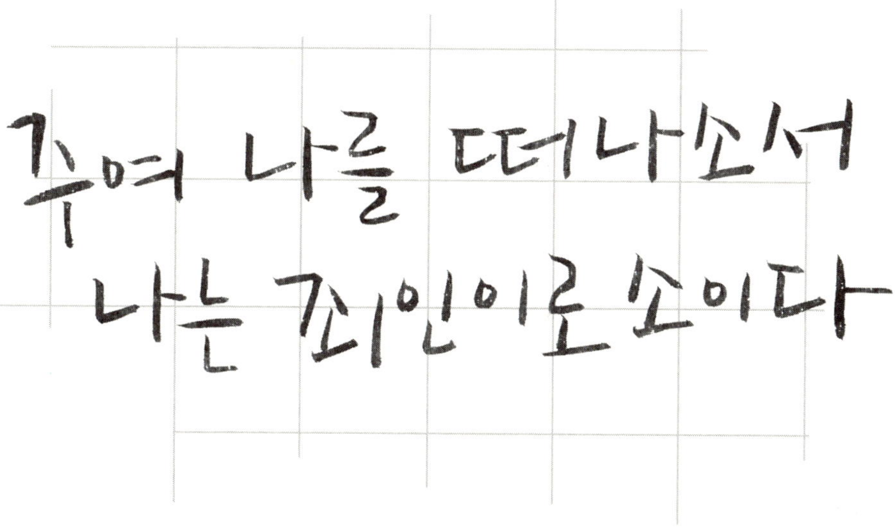
주여 나를 떠나소서
나는 죄인이로소이다

익숙한 생각, 익숙한 경험과의 결별은 쉽지 않습니다. 결코, 가벼이 결정할 수도 없고 결정해서도 안 됩니다. 익숙한 것과의 결별은 결국에는 자신을 부정(否定)하고 부인(否認)하는 것입니다. 때론 아주 작은 것과 결별할 때도 있지요. 작다 하더라도 가볍지도 쉽지도 않지요. 아프고 무겁습니다. 아주 작은 부분일지라도 자신과 분리하기 어려울 만큼 익숙한 것과의 결별은 힘들고 버겁습니다. 그런데 바로 직전까지 자신을 만들고 지탱해왔던 어떤 것과 결별해야 한다면 망설이고 머뭇거릴 수밖에 없지요. 자신의 경험과 생각 전부를 부정하고 부인하는 것인데 어찌 가벼이 결정할 수 있겠습니까. 자신과의 이별인데 어찌 그것이 쉬울 수 있겠습니까. 심사숙고(深思熟考, deliberation)할 수밖에요.

그리고 어떤 것을 떠나야 할 때 그 이별을 가벼이 대해서도 가벼이 이야기해서도 안 됩니다. 때로 이런저런 까닭에 이별해야만 할 때가 있지요. 그렇다 해도 이별을 강제하거나 강요하는 것은 피해야 합니다. 이별이 버겁고 어렵고 무거운 만큼 이별에는 준비가 필요하지요. 인생의 여러 일 중에 사사로운 것도 있고, 무겁고 중요한 일도 있습니다. 무겁고 중요할수록 스스로 결정하도록 해야 합니다. 억지로 마지못해 결정하게 해서는 안 됩니다.

때로 옳은 것을 말하고 요구하는데 분위기가 숨이 막히고 답답할 때가 있습니다. 때로 삶에 대한 우리의 시선(視線)과 지적(指摘)이 너무 차갑고 건조할 때가 있습니다. 무정(無情, heartless)하다 할 만큼 사람의 온기(溫氣, warmth)를 느낄 수 없을 때가 있습니다. 삶에 대한 감성(感性, sensibility)이 건조해질 때마다 따뜻함을 되찾을 수 있도록 경종(警鐘)을 울려주는 이해인 시인의 시(詩)중에 '이별이 가슴 아픈 까닭'이란 시가 있습니다. 시를 읽고 읽다 보면 이별의 무게가 어떠한지 깨닫게 됩니다. 동시에 만남의 무게가 어떠한지 깨닫게 됩니다.

이별이 슬픈 건

헤어짐의 순간이 아닌

그 뒤에 찾아올 혼자만의 시간 때문이다

이별이 두려운 건
영영 남이 된다는 것이 아닌
그 너머에 깃든 그 사람의 여운 때문이다

이별이 괴로운 건
한 사람을 볼 수 없음이 아닌
온통 하나뿐인 그 사람에 대한 기억 때문이다

이별이 참기 어려운 건
한 사람을 그리워해야 함이 아닌
한 번도 해보지 않았던 그 사람을 지워야 함 때문이다

이별이 아쉬운 건
한 사람을 곁에 둘 수 없음이 아닌
다시는 그 사람을 볼 수 없음 때문이다

이별이 후회스러운 건
한 사람을 떠나보내서가 아닌

그 사람을 너무도 사랑했음 때문이다

이별이 가슴 아픈 건
사랑이 깨져버림이 아닌
한 사람을 두고두고 조금씩 잊어야 함 때문이다

이별을 강제하거나 강요해서는 안 되는 것과 함께 반드시 기억해야 할 것이 있지요. 참된 가르침과 깨달음이 스스로 목적이 될 수 없듯이 익숙한 것과의 결별도 그 자체가 목적이 되어서는 안 됩니다. 익숙한 것과의 결별은 새로운 것과의 만남을 향해야 합니다. 자신과의 이별은 '새로운 자신'과의 만남을 향해야 합니다. 자신을 부인하고 부정하는 것은 새로운 자신을 형성하고 긍정하기 위한 출발점이자 과정이어야 합니다. 까닭없는 결별, 새로운 긍정이 없는 부정은 그저 괴로움일 뿐입니다.

여하튼... 시몬은 익숙한 것과 결별합니다.
예수의 요청 때문이었습니다. 자신과 이별합니다. 예수의 요청 때문이었습니다. 그저 마음속으로 그렇게 해야겠다고 다짐한 것이 아닙니다. 예수가 요청한 그대로 깊은 곳을 향해 이동합니다. 그리곤 그물을 내립니다. 「예수도」(*Practicing the Way*

자신을 부인하고 부정하는 것은
새로운 자신을 형성하고 긍정하기 위한
출발점이자 과정이어야 합니다
@영종도

of Jesus, 2013)에서 마크 스캔드랫(Mark Scandrette)은 다음과 같이 이야기합니다.

예수님이 행하고 가르치신 것을 실천하는 연습을 하지 않는다면 예수님을 따르는 법을 배울 수 없다. 예수님은 지식이나 생각만을 전달하지 않으셨고, "내가 곧 길이다"라고 선포하셨다. 또한 예수님의 본과 가르침, 희생을 통해 힘과 영감을 얻는 새로운 삶으로 제자들을 초대하셨다. 랍비이신 예수님은 삶에서 극적인 변화를 이루고 새로운 정체성과 행동 방식에 맞는 모험을 감수하도록 초청하심으로써 제자들을 가르치셨다. 예수님은 온전한 순종과 실천을 통해 제자들이 예수님처럼 변하기를 바라셨다. 실제로 최초의 제자들은 자신을 시종일관 "예수님의 도를 따르는 자"로 여겼다. 또한 예수님의 제자 됨을 곧 올바른 믿음과 올바른 삶을 결합시키는 것으로 인식했다. 이것을 정통의 실천(orthopraxy)이라고 부른다.

시몬은 머물러 있지 않았습니다. 움직였습니다. 마음만 움직인 것이 아니라 온몸이 움직였지요. 시몬의 이런 행동이 한편 대책 없고 무모해 보이기도 합니다. 금기(禁忌, taboo)를 어겨야 할 뿐 아니라 상식(常識, common sense)에도 어긋난 요청을 받아들인 것이니까요. 굳이 받아들여야 할 특별한 까닭이 있어 보이지도 않습니다. 좋은 의견이라고 맞장구치는 것으로 마무리할 수도 있었을 텐데. 시몬은 그렇게 하지 않았지요. 행동했습니다. 무모(無謀, foolhardy)한 순종(順從, obedience)이라고 해야 할까요. 시몬은 예수의 요청 그대로 행동합니다. 더하지도 덜어내지도 않고, 요청 그대로 행동합니다. 그러기 위해서 익숙한 것과 결별하고 자신과 이별했습니다. 결별이, 이별이 절대 목적이 아니었습니다. 예수의 요청을 받아들여 행동하는 것이 목적이었습니다.

시몬이라고 해서 익숙한 것과의 결별이, 자신과의 이별이 가볍거나 쉬웠을까요. 아니요. 무겁고 버겁고 어려웠습니다. 사실 예수의 요청이 있기 전까지 시몬은 익숙한 것과의 결별을 생각해 본 적이 없습니다. 예수의 요청을 따르려다 보니 익숙한 것과 결별하게 된 것입니다. 시몬을 주목해 보십시오. 자신의 결심과 자신의 힘만으로는 감당하기 어려운 익숙한 것과의 결별을 어떻게 행동으로 옮기는지 말입니다. 시몬은 자신에 기대지 않았습니다. 그간의 경험과 지식에 기대지 않았습니다. 시몬은 선생인 예수를, 예수의 말씀을 의지합니다. 겉만 보면 시몬의 행동이 경솔해 보일 수 있지요. 참 짧은 시간에 이루어진 일이니까요. 그런데 그 속을 들여다보면 그렇지 않습니다. 결단이 단호하고 빨랐을 뿐입니다.

어부 시몬의 결단이 부럽습니다. 우리 중 얼마나 많은 사람이 그렇게 할 수 있을까요? 머뭇거림이 보통이지요. 일단 멈추거나 뒤로 물러나 신중히 생각을 정리합니다. 고려할 것도 많고 따져봐야 할 것도 많습니다. 그러다 보면 자연히 시간은 흐르고 결단하고 행동으로 옮기기까지 간격(間隔, gap)이 생깁니다. 시몬의 행동을 주목하다 보니 디트리히 본회퍼(Dietrich Bonhoeffer, 1906~1945년)의 이야기가 생각이 납니다.

“스스로 뭔가 되려는 노력을 진정으로 포기하라. 성자든 회심한 죄인이든, 의로운 사람이든 불의한 사람이든… 숱한 과제나 의문, 성공지향주의나 질병 같은 당혹스런 상황을 만나면 과감히 자신을 하나님의 품에 내던지라. 그때 비로소 그리스도와 함께 깨어난다.”

시몬의 결단이 놀라운 것은 그가 보여준 단호함 때문만은 아닙니다. 결단의 결과 때문이기도 합니다. 그의 무모한 순종의 결과는 말 그대로 놀라움 그 자체였습니다. 예수의 요청 그대로 깊은 데로 이동한 시몬은 그물을 내립니다. 그리곤 다시 그물을 올립니다. 그런데 그 순간 사건이 벌어집니다. 도무지 믿을 수 없는 일이 눈앞에서 벌어집니다. 평생을 어부로 살아온 시몬이었지요. 그런데 도무지 혼자 힘으론 감당하기 어려울 만큼 엄청난 양의 고기를 잡게 됩니다. 시몬의 배만으로는 감당할 수 없었지요. 그래서 동업자인 야고보와 요한의 도움을 받아야만 했습니다.

텅 비었던 배가 가득 찼습니다. 두 척의 배 모두 말입니다. 말 그대로 만선(滿船)이었습니다. 지난밤 그리 애써 채우려 노력했지만 채울 수 없었지요. 그런데 지금 배는 고기로 가득 채워졌습니다. 호수에 고기가 모두 그곳에 모여 있었던 것일까요. 어찌 이런 일이 벌어질 수 있단 말입니까. 두 눈으로 직접 보고, 두 손으로 직접 만지고 있지만 믿기 어려운 일이었습니다. 정말 인생이란 새옹지마입니다. 변화무상합니다. 한 치 앞도 알 수 없습니다.

그렇게 시몬은 한동안 고기와 씨름하며 시간을 보내야 했습니다. 고기를 끌어올리는 것에 집중해야 했지요. 셀 수도 없을 만큼 엄청난 양이었습니다. 며칠 고기잡이를 쉬어도 될 정도였습니다. 그런데 사실 시몬은 이렇게 많은 양의 고기를 잡을 것이라 기대하지 않았지요. 그런 기대 때문에 금기도 어기고 상식도 무시하면서 깊은 곳으로 배를 이동한 것이 아닙니다. 선생인

예수의 말씀이었기에 순종했을 뿐입니다. 고기를 잡을 기대를
품고 있었다면 그렇게 이야기하지는 않았을 겁니다.

"깊은 데로 가서 그물을 내려 고기를 잡으라."
"선생님 우리들이 밤이 새도록 수고하였으되 잡은 것이 없지
마는 말씀에 의지하여 내가 그물을 내리리이다."

이런 시몬의 모습을 주목하다 엉뚱한 상상을 해 보았습니다.
사이먼(Simon)이란 원양어업자 이야기입니다. 사이먼은 참 어
려운 시기를 보내고 있었지요. 6개월 가까이 조업은 별 성과를
얻지 못하고, 경쟁 업체와의 간격도 점점 벌어지고, 은행의 대
출 이자 압박도 점점 커져만 가고 있었습니다. 하지만 사이먼은
하루도 예외 없이 조업에 최선을 다했습니다. 매일 만선(滿船)을
기대하면서 말입니다.

그렇게 하루하루 시간을 보내던 어느 날, 그날도 고기는 잡힐
기미가 보이지 않았지요. 허탈함을 달랠 필요도 있었고 달리할
일도 없어 선장실에 앉아 인터넷으로 이곳저곳을 돌아다녔습니
다. 그러다 채팅방에서 아주 특이한 한 사나이와 대면하게 되었
지요. 사이먼의 사정 이야기를 들은 그 사나이는 선뜻 자원해서
도움을 주겠다고 말했습니다. 그런데 그 남자의 조언이 참 묘했

습니다. 상식의 틀을 완전히 뛰어넘는 황당한 것이었습니다. 아마도 평소 같았으면 단 1초도 고민할 필요 없이 "무슨 헛소리야?"라고 하면서 무시했을 겁니다. 그런데 상황이 상황이니만큼 그 남자의 조언을 생각에 담고 시간을 보냈습니다.

그리곤 어려운 결정을 내렸습니다. 평소 같았으면 검증되지 않은 방식에 장비와 시간을 투자하지는 않았을 것입니다. 그런데 지금은 비상 상황이고 돌파구가 필요했지요. 사이먼은 황당하리만큼 새로운 방식을 선택합니다. 마음 한편에는 카지노에서 크게 한 번 배팅하는 심정이, 또 다른 한편에서는 될 대로 되라는 심정이 자리하고 있었지요. 그런데 이게 어떻게 된 일입니까? 대박이 터졌습니다. 대박도 보통 대박이 아니었지요. 말 그대로 로또 당첨이었습니다. 그것도 10주 정도 당첨자가 없어 누적되었다가 당첨된 것과 같은 대박이었습니다. 이 한 번의 사건으로 사이먼은 CNN World News의 주인공이 되었습니다.

그 사건 이후 사이먼은 그 특이한 사나이를 직접 찾아갔지요. 고맙다는 인사는 물론 정성껏 준비한 선물도 건넸습니다. 그뿐만 아니라 최고의 연봉과 대우를 제시하면서 새로 설립한 기업의 고문이 되어줄 것을 정중히 제안했습니다. 그 특이한 사나이는 어떻게 반응했을까요? 무슨 까닭이었는지 그 사나이는 말한마디도 없이 어두운 얼굴로 일어서서는 그 자리에서 사라져

@영종도

시몬은 머물러 있지 않았습니다
움직였습니다

마음만 움직인 것이 아니라
온 몸이 움직였습니다

@영종도

버렸습니다. 준비해 갔던 선물도 그대로 두고 인사도 없이 떠났습니다. 사이먼은 그날 이후 그 사나이를 찾기 위해 열심히 노력했지요. 그런데 찾을 수가 없었습니다. 마치 지구에서 사라진 것처럼 흔적도 찾을 수 없었습니다. 그렇게 특이한 사나이가 사라진 후 사이먼은 자주 큰 소리로 잠꼬대를 한다고 합니다. 이렇게 말입니다.

"Oh Jesus! One more time. Please, Please, Please…"

시몬과 사이먼 모두 텅 비어 버린 배 때문에 어려움을 겪고 있었지요. 어떤 방법을 사용해서라도 배를 채워야 했습니다. 어부에겐 만선이 당연한 목표입니다. 포기해서는 안 되는 목표입니다. 유유자적 유람 나온 것이 아니라면 배를 채워야지요. 시몬과 사이먼 모두 이것저것 가리지 않고 이곳저곳 찾아다니며 땀을 흘렸습니다. 그러다 배를 채우게 되었습니다. 그런데 비슷한 듯 보여도 시몬과 사이먼의 모습은 달라도 참 많이 다릅니다.

금기를 깨고 상식을 넘는 시몬의 결단과 행동은 심히 놀라운 것이었습니다. 그런 시몬의 순종만큼 놀라운 것이 상상을 뛰어넘는 엄청난 어획량이었지요. 그런데 무엇보다 놀라운 것은 그런 엄청난 결과 앞에서 보인 시몬의 반응입니다. 한동안 고기와 씨름하던 시몬이 모든 일을 마무리하고는 예수의 무릎 아래 엎

드립니다. 그리곤 다음과 같이 이야기합니다.

"주여 나를 떠나소서. 나는 죄인이로소이다."

시몬은 지금 예수에게 요청하고 있습니다. 자신에게서 떠나달라고 말입니다. 지금껏 요청은 예수의 몫이었습니다. 시몬은 예수의 요청에 반응했지요. 더하지도 덜어내지도 않고 요청한 그대로 반응했습니다. 그런데 지금은 시몬이 예수에게 요청하고 있습니다. 떠나달라고 말입니다. 상상하지도 못했던 엄청난 양의 고기를 잡도록 도움을 준 예수에게 떠나달라고 요청하고 있습니다. 도대체 무슨 까닭에 떠나달라고 하는 걸까요. 게다가 무슨 까닭에 갑자기 자신이 죄인이라고 고백하는 것일까요. 도무지 쉽게 이해할 수 있는 장면이 아닙니다.

도대체 무슨 일이 벌어지고 있는 것일까요?

지금 시몬은 예수를 '주'(Lord)라 부릅니다. 좀 전까지만 해도 '선생'(Master)이라 불렀지요. 그런데 지금은 '주'라 부릅니다. 그런데 '주'는 절대 함부로 사용하는 호칭이 아니지요. 이렇게 부를 때에는 그만한 까닭이 있어야만 합니다. '선생'이란 호칭과 '주'란 호칭은 얼핏 비슷해 보이지만 완전히 다른 호칭입니다. '선생'이란 호칭이야 가르침을 주는 대상을 향해 흔히 사용되었지요. 그런데 '주'란 호칭은 오직 '하나님'에 대해서만 사용되었습니다. 마이클 호튼(Michael Horton)은 「약함의 자리」(A Place for Weakness, 2013년)에서 이렇게 이야기합니다.

> 오직 우리가 자신에 대해 절망할 때, 하나님의 거룩한 현존 앞에 벌거벗고 고통받게 될 때, 우리의 의를 부정하고 오직 하나님의 말씀에 귀를 기울일 때, 하나님을 우리의 정당한 심판관이나 거룩한 적이 아닌 우리의 구주로 인식하게 될 때 우리는 비로소 하나님을 볼 수 있게 된다. 우리가 하나님 앞에 거만하게 일어설 때 하나님은 겸손함으로 자신을 낮추신다. 우리는 건강, 부, 행복, 완전한 가정, 부유한 나라 등 능력의 자리에서 하나님을 찾는다. 그러나 하나님은 세상의 약함 중에서만 참으로 발견될 수 있다.

두 배를 가득 채운 고기를 보면서 시몬은 자신 앞에 있는 예수가 어떤 분인지 깨닫습니다. 여러 선생 중 탁월한 선생이 아니라 주님이심을 말입니다. 그렇게 예수의 정체를 깨닫자 시몬은 선생 앞에 선 학생이 아니라 주님 앞에 있는 피조물이자 경배자로서 자신의 위치를 자리매김합니다. 예수의 무릎 앞에 엎드립니다. 그리곤 요청하고 고백합니다.

"주여 나를 떠나소서. 나는 죄인이로소이다."

예전 하나님의 영광과 거룩함을 목격한 이사야 선지자는 머리를 땅에 조아리면서 "내가 망했구나!"라고 부르짖었지요. 하나님의 거룩함 앞에서 자신의 흉측한 죄를 보며 절망에 빠졌습니다. 불타는 떨기나무 사이로 하나님이 나타나셨을 때 모세는 두려워 몸을 숨겼습니다. 이처럼 주의 은혜가 나타날 때 하나님을 분명히 체험한 사람은 자신이 얼마나 더러운 자인지를 똑똑히 인식하게 됩니다.

시몬은 지금 하나님의 능력이 아니면 일어날 수 없는 사건 한 가운데 있습니다. 온몸으로 하나님의 위대하심과 함께 피조물의 한계를 맞이하고 있습니다. 두려워할 수밖에 없지요. 이렇게 이야기하는 것이 당연하지요. 무슨 다른 말을 할 수 있겠습니까. 예수를 만나고, 예수의 말씀을 듣고, 그 말씀에 의지해 순종했습니다. 그리곤 예수의 정체를 깨달았습니다.

선생의 말씀이었기에 상식과 경험과는 반대되는 가르침이었지만 의지하고 받아들였지요. 엄청난 결과를 기대해서가 아니

@영종도

라 선생의 말씀이었기에 의지하고 받아들인 것이었습니다. 그 이상도 그 이하도 아니었습니다. 그런데 예상하지 못한 사건이 벌어졌지요. 시몬은 비로소 자신이 처한 상황을 제대로 깨닫습니다. 자신 앞에 있는 예수가 보통의 선생이 아니라는 것을 그리고 자신이 의지했던 그 말씀이 바로 주님의 말씀이었다는 것을 말입니다. 호수도 고기도 그대로 순종해야 하는 말씀이었지요. 「복음 중심의 제자도」(*Gospel Centered Discipleship*)에서 조나단 도슨(Jonathan K. Dodson)은 이렇게 이야기합니다.

신약 성경은 '예수님'을 뜻하는 단어 '주님'(Lord)을 '여호와'와 나란히 놓는다. 사실 '주님'을 뜻하는 헬라어 '퀴리어스'(κύριος)는 헬라어 역 구약 성경(70인 역)에서 '여호와'를 가리킬 뿐만 아니라 신약 성경에서는 '예수님'을 가리킨다. 이유는 이렇다. 즉 구약 성경에서는 '여호와'를 가리켜 주님이라고 하며, 신약 성경에서는 '예수님'을 가리켜 주님이라고 한다. 이러한 정렬은 예수님을 하나님 안에 두는데, 여기서 아버지와 아들이 자신의 정체성과 주권을 공유하신다. 신성(Godhead)의 일부로서(성령과 함께), 아버지와 아들은 모든 피조물을 다스리신다. 그러므로 "예수는 주님이다"라는 표현을 읽고 있노라면, 예수님의 신성(神性)과 주권이 우리 마음에 일어나 그분이 얼마나 크신 분인지 깨닫고 경외하게 된다. 간단히 말하면, 예수님을 주님이라 부를 때, 그분을 왕이신 하나님으로도 보아야 한다.

'열 길 물속은 알아도, 한 길 사람 속은 모른다'는 말이 있습니다. 사람 속을 아는 것이 어렵다는 것을 강조하는 말이지요. 그런데 물속을 아는 일 역시 쉽지 않습니다. 시몬이나 사이먼 모두 물속이 어떠한지 몰랐습니다. 프로 어부들인데도 말입니다. 우리도 마찬가지입니다. 물속이든 사람 속이든 알기가 쉽지 않습니다.

그런데 사람 속이 어떠한지 명확히 알 방법이 있지요. 그가 무엇을 선택하느냐를 보면 됩니다. 우리는 시몬이 될 수도 있고, 사이먼이 될 수도 있습니다. 어느 쪽이든 선택할 수 있지요. 선택할 자유가 주어졌으니까요. 어느 쪽을 선택하느냐에 따라 많은 것을 확인할 수 있지요. 우리 속에 어떤 하나님이 자리하고 있는지 확인할 수 있습니다. 필요에 따라 이 모양 저 모양으로 자르고 덧대고 편집한 '내가 만든 하나님'이 자리하고 있는지 '진짜 하나님'이 자리하고 있는지 말입니다. 「내가 만든 하나님」(*The Trivialization of God*, 2007년)에서 도널드 맥컬로우(Donald W. McCullough)는 다음과 같이 이야기합니다.

물론 문제가 클수록 더 큰 도움이 필요하다. 그리고 그럴 때 신은 가장 유용한 도움이 될 수 있다. 그래서 우리는 자연적으로 신이 우리의 다양한 문제를 해결해 주는 존재가 되기를 바란다. 성경은 하나님께서는 어떤 목적을 가지고 우리를 부르신다고 말한다. 하나님께서는 우리가 이 땅에 관심을 가지고, 부당하게 속박받고 억압받는 자들을 자유롭게 하고, 굶주린 자들에게 양식을 나누어 주고, 가난한 자들을 도와주기를 원하신다. 이런 일들을 위해 하나님의 도움을 구하는 것보다 더 적절한 것이 무엇이겠는가? 일반적으로, 이런 일들은 하나님을 기쁘시게 할 것이다. 하지만 우리는 정당하다고 여기는 목적을 하나님보다 우위에 두면서 하나님을 그 목적을 위한 도구로 전락시키기도 한다. 이것은 하나님을 무시하는 행위이다. 이것은 하나님을 만홀히 여기는 행위이다. 이것은 절대적 목적이신 하나님을 유용한 수단으로 추락시키는 행위이다. 우리는 정욕의 상징인 금반지와 팔찌들을 불 속에 던져 넣어 금송아지를 만들고는 그것을 약속의 땅으로 인도하고 사회정의를 실현시켜 줄 대상이라고 말한다. 우리는 그것을 최고의 목적이신 하나님이라고 말하는 것이다.

Part 06

무서워하지 말라
이제 후로는 네가
사람을 취하리라

어부 시몬에 관해 이야기하다 보니 또 다른 어부의 이야기가 생각이 납니다. 실제로 일어났던 일인지 누군가에 의해 만들어진 이야기인지 확인할 순 없지만, 꽤 유명한 이야기입니다. 이 이야기는 멕시코로 휴가를 떠나온 미국인 사업가가 해변 마을에서 한 어부를 만나면서 시작됩니다. 그 사업가가 어부를 처음 만났을 때 어부는 갓 잡아 올린 싱싱한 참치를 손질하고 있었지요. 그 장면을 쳐다보던 사업가는 어부에게 말을 건넵니다.

"얼마 동안 작업해서 그렇게 많은 고기를 잡았나요?"

그러자 낯선 이의 질문이라 그랬는지 어부는 퉁명스럽게 대답합니다.

"글쎄요. 뭐 그리 오래 걸리지는 않았죠. 서너 시간 정도만

낚았거든요.”

사업가가 다시 말을 건넵니다.

“우와 정말 솜씨 좋은 어부시군요. 고기들이 정말 싱싱하네요. 그런데 왜 좀 더 작업하지 않았나요?”

말을 건네는 사업가의 눈에는 궁금증으로 가득했지요.

“제가 왜 고기를 더 잡아야 하죠? 이만큼만 해도 저와 제 가족을 먹여 살릴 만큼 충분한 돈을 버는데요.”

대답하는 어부의 표정을 보니 사업가의 질문이 반갑지 않은 기색이 역력했습니다. 반면 사업가적 기질이 발동한 미국인이 의아한 듯 되물었습니다.

“그럼 당신은 한가한 시간에는 뭘 하며 지내십니까?”

어부는 즉각 답을 했지요.

“남는 시간에는 제가 하고 싶은 일을 무엇이든 합니다. 아이들과 놀거나, 마누라와 단잠을 즐기기도 하고, 저녁에는 친구들과 마음이 맞으면 술을 즐기곤 하죠. 전 이 생활을 즐기고 있답니다.”

어부의 대답을 들은 사업가는 웃음을 터트렸습니다.

“뭐 지금은 그렇게 생각할 수도 있겠지요.”

그리곤 이번에는 명함을 건네며 어부에게 이야기했습니다.

“전 하버드에서 MBA 과정을 졸업한 사업가입니다. 제가 당신을 도울 수 있을 것 같습니다. 자 한번 봅시다."

어부가 요청한 것도 아닌데 사업가는 열정적으로 조언하기 시작했습니다.

"우선 고기 잡는 시간을 늘려야 합니다. 조업시간이 늘면 어획량이 늘어날 것이고, 그러다 보면 수입이 많아져 좀 더 큰 배를 살 수 있을 겁니다. 아마도 조금 더 지나면 여러 대의 배를 소유한 선주가 될 것이고 지금보다 더 안정적인 생활을 누리게 될 것입니다. 그렇게 몇 년이 지나면, 당신은 중간상인과의 거래보다는 통조림 사업에 뛰어들어야 할 것입니다. 직접 제품생산, 처리, 유통을 통제하시는 거죠. 사업이 확장되면 이 작은 마을보다는 멕시코시티 같은 대도시로 이주하셔야 할 것입니다. 시장에서 당신의 영향력이 확대될수록 당신의 부는 축적되어 갈 것입니다. 그즈음이면 뉴욕 맨해튼이나 로스앤젤레스에 저택을 짓고 당신의 성공을 자축할 수 있겠지요."

그렇게 이야기를 마무리하고 사업가는 숨을 고르며 어부의 답변을 기다렸습니다. 얼마간의 시간이 흐르고 어부가 이야기했습니다.

"그런데 그렇게 되려면 얼마나 걸릴까요?"

사업가는 계산기를 꺼내 잠시 계산했습니다. 그리곤

"15년이나 20년쯤이면 가능하겠군요?"

@밴쿠버

무소유(無所有), 자족(自足), 안빈낙도(安貧樂道) 등의
메시지가 삭막한 모래사막에서 만난 오아시스처럼
현대인의 마음에 자리를 잡고 있습니다
고단한 삶의 여정에 좋은 휴식처가 되고 있습니다
그런데 휴식처는 말 그대로
잠시 휴식을 취하는 곳이어야 합니다

어부가 다시 질문했습니다.

"그런데 그다음엔 어떻게 되는 거죠?"

"현명한 지적입니다. 만약 제 계산이 맞는다면 당신은 주식 시장에 당신의 회사를 상장할 수 있을 겁니다. 그리곤 주식을 팔아 매우 큰 부자가 될 수 있지요. 아마도 백만장자가 되겠지요." 백만장자라는 말에 어부의 두 눈이 커졌습니다.

"백만장자라고요?"

그리곤 잠시 침묵하더니 다시 질문했습니다.

"그런데 그 이후에는 어떻게 되죠?"

좀 전과 달리 사업가의 목소리가 조금 줄어들었습니다.

"글쎄요. 당신이 원한다면 퇴직해서 유유자적한 생활을 누릴 수 있겠지요. 당신과 가족만을 위한 삶을 선택할 수 있을 겁니다. 작은 해변에 그림 같은 별장을 짓고, 노후를 즐길 수 있다는 얘기죠."

어부는 잠시 생각에 잠겼다가 대답했습니다.

"충고 감사합니다. 그런데 제 생각에는 그 15년을 절약할 수 있을 것 같군요. 전 지금 있는 그대로 이렇게 살렵니다."

어부와 사업가 중 어느 쪽이 더 현명한 것일까요?

대개 어부의 손을 들어주지요. 누구의 손을 들어주셨나요? 저는 어느 한쪽 손을 들어줄 수가 없었습니다. 이런 종류의 이야기에서 흔히 보이는 구성인데 이 이야기 역시 마지막 부분에 반전(反轉)이 있습니다. 바로 그 반전을 통해 메시지를 전달하고 있고요. 이런 종류의 이야기는 설득(說得, persuasion)이 아닌 공감(共感, empathy)을 통해 메시지를 전달합니다. 은근히 스며들듯 그러나 아주 깊숙이 파고들지요. 울림도 크고 여운(餘韻, afterglow)도 깁니다. 이런 이야기의 구조상 어부가 사업가보다 현명하게 여겨지지요. 이 이야기는 어부의 현명함을 강조하고 있습니다. 이야기 속에 제시되었든 이야기 밖에서 확인할 수 있든 현실적 상황과 조건을 고려해 보면 어부보다는 사업가가 현명한 판단을 할 가능성이 큽니다. 그런데 이 이야기에서는 어부가 사업가보다 현명합니다. 15년이란 시간을 절약하는 아주 현명한 결정을 내립니다.

그런데 정말 어부가 사업가보다 현명한 사람일까요?

정말 15년이란 시간을 절약한 것일까요? 글쎄요. 겉으로 보이는 모습이 다르다 해서 그 속까지 다르다고 쉽게 말해선 안 됩니다. 적자생존(適者生存, survival of the fittest)의 법칙이 지배하는 정글(jungle) 같은 삶의 터전에서 하루하루 전쟁 같은 삶을 살아야만 하는 현대인에겐 유유자적(悠悠自適)한 삶에 대한 갈망이 있지요. 무소유(無所有), 자족(自足), 안빈낙도(安貧樂道) 등의 메시지가 삭막한 모래사막에서 만난 오아시스처럼 현대인의 마음에 자리를 잡고 있습니다. 고단한 삶의 여정에 좋은 휴식처가 되고 있지요. 그런데 휴식처는 말 그대로 잠시 휴식을 취하는 곳이어야 합니다. 그곳에 계속 머물러 있다면 휴식처가 아니라 도피처이겠지요. 실제 전쟁보다 더 치열하다고 하더라도 삶의 분투를 포기해서는 안 됩니다. 그것은 현명함이 아니라 비겁함입니다. 자족(自足)이 아니라 더 나은 삶에 대한 포기(抛棄)입니다. 안빈낙도(安貧樂道)가 아니라 분투하지 않음에 대한 자기변명(自己辨明)입니다.

"부자도 바지를 벗을 때는 한 다리씩 빼는 법"이라는 속담이 있습니다. 우리가 서로 참 다른 삶을 사는 것 같지만, 우리는 모두 한 번에 한 입을 베어먹고, 한 번에 한 노래를 듣고, 한 번에 한 신문을 읽고, 한 번에 한 사람하고만 대화를 나눌 수 있습니다. 시대가 다르고 문화가 달라도 사람들이 시간을 어디에 얼마나 쓰는지는 놀라우리만큼 비슷합니다. 그런데 이처럼 중요한 점에서 비슷하지만, 엄연히 명백한 차이점이 있지요.

이백 년 전, 영국 공장 지대 가난한 가정에서 태어난 소년은 아침 다섯 시면 일어나 공장으로 달려가서 해 질 녘까지 일주일에 꼬박 엿새를 철커덕거리는 직조기 앞에 붙어 있어야 했습니다. 사춘기로 접어들기도 전에 과로로 사망하는 일도 많았지요. 비슷한 시기에 프랑스 견직공장 지대에서 살던 열두 살 소녀는 온종일 커다란 물통을 앞에 두고 실을 엉키게 하는 끈적끈적한 물질을 녹이기 위해 뜨거운 물에다 누에고치를 담는 중노동에 시달려야 했습니다. 꼭두새벽부터 밤늦게까지 물에 흥건히 젖은 옷을 입고 지내다 보면 호흡기 질환에 걸리기 일쑤였고, 손가락 끝을 하도 뜨거운 물에 넣었다 뺐다 하는 바람에 나중에는 감각을 잃어버렸지요.

그런데 그 시각 귀족 자녀는 무도회에서 사교춤을 배우고 외국어를 공부했습니다. 인생에서 부여받은 기회의 차이는 엄연히 존재합니다. 빈민가에서 태어난 아이가 평생 살아가면서 어떤 경험을 하리라고 기대할 수 있을까요? 미국 교외의 넉넉한 가정이나 스웨덴의 유복한 가정에서 태어난 아이가 기대할 수 있는 삶의 질과 빈민가에서 태어난 아이가 기대할 수 있는 삶의 질은 얼마나 다를까요?

불행하게도 인생은 공평하지 않습니다. 어떤 사람은 입에 풀칠하기도 힘든 가정에서 설상가상으로 선천성 장애를 안고 태어나는가 하면, 어떤 사람은 어마어마한 재산을 가진 집에서 준수한 외모에 건강한 신체를 가지고 태어납니다. 엇비슷한 제한 요소가 모든 인간의 삶을 규정하는 것도 사실이고, 누구나 쉬고

먹고 어울리며 최소한의 노동을 해야 한다는 공통점이 있지만, 경험의 내용을 다르게 하는 사회적 범주로 인간이 구분됩니다. 그런데 이렇게 모든 일이 인간 공통의 조건, 즉 사회적 문화적 범주라든가 우연성에 의해 결정된다면 삶을 개선할 길이 무엇인가를 성찰하는 것은 부질없지요. 다행히도 개인이 주도적으로 선택해 현실을 바꾸어놓을 수 있는 여지(餘地)가 있습니다. 더 나은 삶의 자리를 향한 꿈을 품은 사람은 운명의 굴레에서 벗어날 수 있습니다. 우리는 꿈을 통해 운명의 굴레에서 벗어난 많은 사람을 알고 있습니다.

어부도 사업가도 모두 자신이 원하는 꿈을 선택했습니다. 타의에 의해서가 아니라 자신의 선택으로 말입니다. 사업가는 백만장자의 꿈을 제안했지요. 하버드 MBA 출신답게 짧은 시간이지만 긴 안목을 갖고 단계적으로 추진하면 될 구체적인 계획을 제시했습니다. 그런데 어부는 단박에 거절하지요. 어부는 백만장자라는 꿈 대신 오늘을 선택합니다. 백만장자의 꿈을 거절하고 15년이란 시간을 절약합니다.

만약 어부가 멕시코 해변 마을이 아니라 뉴욕 맨해튼에서 성장하고 생활했다면, 사업가가 뉴욕 맨해튼이 아니라 멕시코 해변 마을에서 성장하고 생활했다면 그들의 모습은 어떠했을까요? 똑같든 달랐든, 까닭은 무엇이고, 달랐다면 달라진 모습은 어떠했을까요? 겉모습이 다르다고 해서 반드시 그 속까지 다르다고는 생각하지 않습니다. 처음 만난 어부에게 새로운 꿈을 조언하는 사업가의 모습을 보면서, 그런 사업가의 조언을 단호하게 거절하는 어부의 모습을 보면서 1990년 중반 유행했던 노래 한 곡을 기억 속에서 떠올렸습니다. 임상아의 노래 〈뮤지컬〉입니다.

내 삶을 그냥 내버려 둬 더 이상 간섭하지 마
내 뜻대로 살아갈 수 있는 나만의 세상으로
난 다시 태어나려 해
다른 건 필요하지 않아 음악과 춤이 있다면
난 이대로 내가 하고픈 대로 날개를 펴는 거야
내 삶의 주인은 바로 내가 돼야만 해
이젠 알아 진정 나의 인생은 진한 리듬 그 속에
언제나 내가 있다는 그것
나 또다시 삶을 택한다 해도 후회 없어
음악과 함께 가는 곳은 어디라도 좋아
또 다른 길을 가고 싶어 내 속의 다른 날 찾아
저 세상의 끝엔 뭐가 있는지 더 멀리 오를 거야
아무도 내 삶을 대신 살아주진 않아

당당히 자신의 원하는 꿈을 선택하는 것은 참 멋진 일입니다. 누구도 대신할 수 없는 자신의 인생인데 스스로 선택하고 결정해야죠. 이런 면에선 어부나 사업가 모두 당당하고 현명하지요. 스스로 선택하고 결정합니다. 선택한 내용은 다르지만 말입니다. 그런데 둘의 모습을 동시에 가질 수 있다면 얼마나 좋을까요. 사업가는 정말 멋진 성공을 이루었지요. 그가 이룬 성공은 여러 가지 뛰어난 사회적 환경을 만들어 주었고요. 반면 어부는 가족과 함께 자연 속에서 유유자적한 삶을 즐기고 있지요. 급한 일에 쫓기지도 않고 일정표에 갇혀 살지도 않지요. 둘의 모습을 동시에 갖는 것은 너무 큰 욕심일까요?

솔직히 우리 속엔 이런 욕심이 자리하고 있지요. 그 크기가 크든 작든 말입니다. 저마다 품고 사는 꿈의 모습이 조금씩 다르지요. 차이를 만드는 까닭이 있습니다. 사회적 환경, 개인의 특성 등등이 그런 차이를 만들어 냅니다. 그런데 그런 차이가 있음에도 동서고금(東西古今)을 막론하고 자주 등장하는 인생의 꿈이 있습니다. 겉으로 드러나는 표현은 달라도 그 속에 담긴 내용은 거의 차이가 없지요. 부귀영화(富貴榮華, rich and honor), 무병장수(無病長壽, good health and longevity), 입신양명(立身揚名, fame and glory)입니다.

이것을 품고 이루기 위해 노력해야 할 인생의 꿈이라 해야 할

@나나이모

꿈과 비전이란 옷을 입었지만
욕심에 불과한 꿈과 비전은
인생에 대한 우리의 시선을 축소해 버립니다
인생을 세상이 만들어 놓은 틀 안에서만
바라보도록 만듭니다

@밴쿠버

지, 떨치고 버려야 할 욕심이라 해야 할지 정직하게 대답해야 합니다. 욕심이지요. 욕심이라 해야 인생 앞에서 정직한 것입니다. 그런데 우리는 이런 욕심(greed)을 꿈(dream)이라 부르지요. 때로 비전(vision)이라 부르기도 합니다. 그냥 욕심이라 하면 좋을 텐데, 굳이 꿈이라 하고 비전이란 옷을 입히지요. 그렇게 옷을 입힌다고 해서 욕심이 꿈이 되고 비전이 되는 것이 아닌데 말입니다. 슬프게도 이것이 세상을 사는 보통 사람들의 모습입니다. 대개 인생에서 이루고자 노력하고 있는 꿈이 이런 것이라고 말합니다.

많은 책과 많은 메신저가 이런 이야기를 생산하고 유통하고 있습니다. 그들의 이야기가 100% 완전히 잘못된 것이라 이야기하고 싶지는 않습니다. 그 속에도 듣고 새겨야 할 지혜가 있음을 인정하지만, 그들의 말에 동의할 수가 없습니다. 까닭 없이 동의하지 않는 것이 아닙니다. 꿈과 비전이란 옷을 입었지만, 욕심에 불과한 꿈과 비전은 인생에 대한 우리의 시선을 축소해 버리지요. 하나님의 사람이란 이름표를 붙이고 있지만, 세상 사람과 다를 것이 없도록 만듭니다. 우리 인생을 세상이 만들어 놓은 틀 안에서만 바라보도록 만들지요.

가장 심각한 문제는 자신의 꿈과 비전이 그렇게 왜곡되어 있음을 느끼지도 못한다는 것입니다. 그런 메시지에 심하게 노출

이 되어 있는 사람은 자신이 꿈꾸는 꿈에 어울리는 하나님을 만들어 내기까지 합니다. 그 꿈을 이루는 데 도움을 줄 하나님이 필요하니까요. 원래부터 그런 하나님이었다면 문제가 되지 않았을 텐데. 하나님이 그런 분이 아니시니 자르고 더하고 그렇게 편집의 과정을 거쳐 자신의 꿈에 어울리는 하나님을 만들어냅니다. 하나님을 기준으로 자신의 꿈을 편집하는 것이 아니라 자신의 꿈을 기준으로 하나님을 편집합니다. 이렇게 세상에 갇힌 꿈은 세상에 갇힌 하나님을 만들어내고, 자기 꿈에 갇힌 사람은 자기 꿈보다 작은 하나님을 만들어내지요. 오로지 자신만이 주연(主演)인 인생 연극(人生 演劇)에서 하나님은 조연(助演)에 불과합니다. 호칭은 하나님이지만 위치나 역할은 주님(Lord)도 아니고 선생(Master)도 아니지요. 다행히 높은 지위를 얻는다 해도 코치(coach)나 컨설턴트(consultant), 카운슬러(counselor)에 불과하고, 대개 해결사(troubleshooter)이거나 심부름센터 직원(staff) 역할을 감당하지요. 「내가 만든 하나님」(*The Trivialization of God*, 2007년)에서 도널드 맥컬로우(Donald W. McCullough)는 이런 우리의 모습에 대해 통렬하게 지적합니다.

정열적인 신념과 유용한 지식을 제공하는 신학들, 그리고 어떤 영적 체험들에 대한 관심이 나쁜 것은 아니다. 건전한 기독교인의 신앙은 이 모든 것들을 다 포함해야 한다. 이것은 우리로 하여금 중요한 하나님의 존재 양상을 볼 수 있게 해 주는 렌즈가 될 수 있다. 그러나 우리는 우리의 관점으로 본 신과 실제의 하나님 사이에는 많은 차이점이 존재한다는 사실을 잊어서는 안 된다. 렌즈를 통해 본 대상과 실제 대상, 즉 하나님에 관한 모든 진리가 동일하다고 생각하는 것은 문제이다.

나의 목적을 위하여 내가 이용하는 신이나, 나의 체험 혹은 나의 이해의 범주 안에 놓은 신은 나보다 더 크지 않을 뿐 아니라, 나를 죄로부터 구원하거나 나를 영감어린 예배로 인도하거나 나를 능력 있는 봉사자로 만들지 못한다. 나의 선호에 맞추어진 신은 그 어떤 신이라 할지라도 결코 나를 초월하지도 못하고 진정한 하나님이 되지도 못한다. 나의 인식이라는 감옥의 창살을 뜯어내고 나가지 못한 신은 하찮은 신에 불과하다.

시몬에게 인생이란 무엇이었을지, 시몬은 어떤 꿈을 품고 있었을지 질문해봅니다. 그의 꿈도 여느 사람들의 꿈과 다르지 않았을 겁니다. 미국 사업가보단 멕시코 해변 마을 어부의 꿈과 비슷했겠지요. 그런데 그의 꿈이 어떠했는지에 관한 질문은 여기에서 멈추어야 합니다. 어떤 모습이었든 그 꿈은 과거의 꿈이 되어버렸습니다. 예수와의 만남이 있기 전까지는 전부라고 여기며 살았던 꿈이지요. 하지만 지금은 아닙니다. 이제는 새로운 꿈을 받아들여야 합니다.

목수였던 예수가 어부들을 부르십니다. 알리스터 맥그래스(Alister E. McGrath)가 「기독교 변증」(*Mere Apologetics*, 2014년)에서 강조하듯 이것은 중요한 의미가 있습니다. 당시 유대 문학에는 직업 때문에 모세의 율법을 지키지 못하는 사람들의 이야기가 나오는데 특히 두 그룹의 사람들이 부정적으로 언급되었습니다. 목수와 어부였지요. 목수는 장의사를 겸했기에 시체를 만져야 했고, 어부는 잡은 물고기 가운데 깨끗한 물고기와 부정한 물고기를 분류해야 했습니다. 두 그룹 모두 정결 의식과 관련된 유대교의 엄격한 규범을 지킬 수 없었지요. 유대교의 규범은 부정한 대상과는 접촉을 일절 금했습니다. 그런데 예수는 이러한 어부들을 부르십니다. 유대 사회의 종교생활에서 변두리로 내몰려 있던 고기 잡던 어부에게 하나님 나라를 위해 사람을 취하는 어부가 되라고 하십니다.

"무서워하지 말라. 이후로는 네가 사람을 취하리라."

전혀 예상할 수 없었던 요청이었습니다. 꿈엔들 어찌 이런 장면을 상상할 수 있었을까요. 두려움에 떨며 자신에게서 떠나달라고 간절히 요청하는 시몬이었습니다. 그런데 그런 그에게 예수는 새로운 꿈에 도전하라고 합니다. 새로운 인생에 뛰어들라고 이야기합니다. 고기 잡는 어부를 그만두고 사람을 취하는 어부가 되라고 요청합니다. 정말 상상할 수도 없었던 갑작스러운 요청이라 당황할 수밖에 없었을 텐데. 무슨 까닭인지 시몬은 머뭇거림도 없이 예수의 요청을 받아들입니다. 시몬이 자신을 중심으로 이 요청에 대해 반응했다면 단호히 거절했을 것입니다. 시몬이 예수를 선생(Master)으로만 여겼다면 어떻게 반응했을까요? 갑작스러운 요청에 시몬은 몹시도 큰 혼란을 겪었을 겁니다. 그랬다면 예수께 이렇게 이야기했겠지요.

"선생님, 저 시몬입니다. 어부 시몬이라고요. 갈릴리 시골 어부 시몬이라고요. 지금 도대체 제정신이세요? 저를 좋게 봐주시는 건 고마운데요. 사실 저는 말이죠. 부족한 것이 많아도 너무 많은 사람이라고요. 말씀하시는 그 일을 하려면 배우고 익혀야 할 것이 너무 많다고요. 그런데 아시듯 제 나이가 이미 서른을 넘겼습니다. 무언가를 새로 배우기에는 너무 늦었다고요."

자신의 크기에 맞추어 자신의 인생의 크기를 결정하는 것이 현명하지요. 괜한 욕심을 부려서는 안 됩니다. 욕심에 애써 꿈이나 비전의 옷을 입혀서는 안 됩니다. 그러나 그 꿈이 자신이 아니라 예수에게서 시작되었다면, 그 비전의 뿌리가 자신이 아니라 예수라면 어떻게 해야 할까요? 예수를 주님(Lord)으로 바라보았기에 시몬은 예수의 요청을 받아들입니다. 「예수도」(*Practicing the Way of Jesus*, 2013년)에서 마크 스캔드렛(Mark Scandrette)은 이렇게 이야기합니다.

예수님의 도를 실천하는 능력은 예수님이 누구이며 우리의 삶에서 예수님의 메시지와 사역이 갖는 의미에 대해 어떻게 이해하는지에 달려 있다. 예수님은 분명 당시의 제자들과 이후 예수님을 따르는 사람들이 자신의 행동과 가르침을 따라 살기를 원하셨다(요 14:23~24). 그러나 랍비이신 예수님은 우리에게 인간의 힘으로 불가능해 보이는 것을 행하라고 명하신다. 곧, 원수를 사랑하며 한쪽 뺨을 치는 사람에게 다른 쪽 뺨 또한 내어주고 끝없이 용서하고 욕망과 탐욕과 질투 없이 살며, 그분이 우리를 사랑하셨던 것처럼 서로 사랑하며 "온전하라"고 말씀하셨다. 이러한 가르침에 순종하기 위해 노력하는 사람이라면 이내 깨닫게 된다. 예수님의 가르침을 실천하는 일은 가능하지만, 우리 자신보다 더 위대한 능력과 사랑의 근원이 없다면 어렵다는 사실을, 아무리 노력해도 거듭 실패하면서 우리는 곧 깨닫는다. 세상에 지속적인 변화가 일어나기를 원한다면 먼저 우리 자신의 내적인 변화가 필요하다는 사실을.

시몬은 소리를 내어 말하진 못해도 예수께 이렇게 이야기했을 것입니다. 바라보는 눈길을 통해 아니면 마음속 이야기를 통해서 말입니다.

"주님, 지금 저를 부르신 것 맞죠. 제가 잘못 들은 거 아니지요. 갈릴리 시골 어부 시몬, 무식하고 부족함이 많은 사람 시몬을 지금 부르신 것 맞지요. 주님의 일에 초청하신 거 맞죠. 주님은 제가 얼마나 부족함이 많은지 이미 알고 계시지요. 그럼에도 저를 부르신 거죠. 텅 비었던 배를 넘치도록 채우셨듯이 저의 부족함도 채우실 거죠. 무언가 새로운 걸 배우고 익히기에는 늦은 나이지만 걱정하지 않을게요. 저는 주님만 따라가면 되는 거죠. 주님만 의지하고 따라가면 되죠. 솔직히 주님이 왜 저처럼 부족함이 많은 사람을 부르시는지 모르겠어요. 아무리 봐도 제겐 주님의 일을 감당할 만한 능력이 티끌만큼도 없는데 말입니다. 그래도 주님이 부르시니 말씀을 의지하고 따르겠습니다. 저보다 저에 대해 잘 알고 계실 테니 말입니다."

시몬이 예수의 요청을 받아들이면 무엇보다 익숙했던 자신의 배에서 먼저 내려야 합니다. 그렇게 익숙했던 배에서 내려야만 예수가 준비한 새로운 배에 오를 수 있지요. 고기를 잡던 배에서 내려야 사람을 취하는 배에 오를 수 있습니다. 그런데 그렇게 익숙했던 배에서 내리는 순간 익숙했던 지식과 경험과도 헤어져야 합니다. 새로운 배에 오르면 그 순간부터 모든 걸 새롭게 배워야 합니다. 쉽지 않은 선택이었지요. 그런데 시몬은 머뭇거림 없이 선택합니다. 자신을 이끌 주님인 예수의 요청이었으니까요. 「약함의 자리」(*A Place for Weakness*, 2013년)에서 마이클 호튼(Michael Horton)은 다음과 같이 이야기합니다.

경험을 따른다는 것은 우리가 이미 받아들여 믿고 있는 것들의 포로가 된다는 것을 의미한다. 만일 단순히 우리의 마음이 우리를 안내하도록 내버려 둔다면, 우리는 결코 도전하고, 정정하고, 놀라고, 혹은 보다 해방적인 방향으로 변화하지 않을 것이다. 이것은 무신론자가 현실을 경험하는 데 실패하게 된다는 것을 의미하는 것이 아니라, 하나님 없는 삶을 경험하게 됨을 의미한다. 해석(곧 신학, 심지어 무신론자에게도 존재하는)은 한 개인이 어떻게 사물을 경험하게 되는지를 결정지으며, 이것은 심지어 다른 두 사람이 똑같은 위기를 경험하게 될 때에도 그 둘 사이에 다른 결과를 가져온다. 만일 어떤 사람이 예수는 우리를 구하기 위해 오신 하나님이라는 사실을 부인한다면, 부활을 증명하기 위해 과연 어떤 경험이 필요하다고 말할 수 있을까? 이는 예수께서 종교 지도자들에게 말씀하신 바와 차이가 없다. 그들은 "비록 죽은 자 가운데서 살아나는 자가 있을지라도 권함을 받지 아니하리라"(눅 16:31).

고대 기록에 보면 예수가 승천한 후 천사들과 나눈 대화가 나옵니다. 대변인 노릇을 하는 가브리엘 천사가 예수에게 땅에서 어떤 일을 했는지 질문합니다. 예수는 육신을 입고 사람으로 살면서 인류를 죄에서 구원하기 위해 십자가에 달려 죽임을 당했고, 하나님의 능력으로 죽은 자 가운데서 살아났으며, 온 세상이 구원을 받을 수 있도록 했다고 대답합니다. 또한, 모든 세대 모든 곳의 사람들이 예수가 그들을 위해 행한 것을 전해 듣고 그의 나라로 들어오는 것이 소원이라고 말합니다.

"이 일을 위해 어떤 계획을 세우고 있습니까?" 예수의 대답을 들은 가브리엘이 다시 질문했지요.

"제자들에게 나의 메시지를 남겨 두었다네. 그들이 다른 사람들에게 그것을 전할 것이야." 예수는 머뭇거림 없이 대답합니다. 환한 웃음을 띤 얼굴로 말입니다.

예수의 대답에 다소 놀란 듯이 가브리엘은 큰 소리로 이야기합니다. "그러나 그들이 실패라도 하면 어쩔 셈입니까?"

갑작스러운 큰 소리에 놀라서 그랬는지 가브리엘의 지적에 언짢아서 그랬는지 예수의 얼굴에서 웃음이 사라집니다. 대신 아주 단호한 표정으로 이야기합니다.

"다른 계획은 전혀 없네. 나는 그들을 믿는다네!"

예수와 가브리엘 사이에 이런 대화가 실제로 오갔는지 확인할 순 없지요. 전설적 성격이 강한 이야기입니다. 그런데 이 이야기가 담고 있는 내용의 핵심은 틀림없는 사실이지요. 우리는 이 대화를 통해 예수의 꿈이 무엇인지, 예수의 비전이 무엇인지 명확히 알 수 있습니다. 예수가 시몬에게 요청했던 사람을 취하는 어부가 되라는 의미가 무엇이었는지 알 수 있습니다.

멕시코 어부와 미국 사업가에게 어울리는 노래가 임상아의 〈뮤지컬〉이었습니다. 시몬과 예수에게 어울리는 노래는 무엇일까요? 예수의 요청과 시몬의 결단을 보면서 간디학교의 교가인

예수를 따르기로 했기에

함께 꿈을 이루자는 예수의 요청에
자신의 꿈은 내려놓고
새로운 꿈을 품었습니다

자신을 기준으로
꿈을 편집하지 않고
하나님을 기준으로
꿈을 편집했습니다

@대학트

〈꿈꾸지 않으면〉이란 노래를 생각했습니다. 2012년 9월 방송된 '남자의 자격 패밀리 합창단 이야기'에서 흡수장애 증후군(malabsorption syndrome)을 앓고 있는 어린 남매가 해맑은 모습으로 노래하면서 많은 사람에게 알려졌습니다. 힘든 병을 앓고 있었지만 노래하는 모습은 삶에 대한 희망으로 가득 차 있었습니다. 여러 해가 지났지만, 가수를 꿈꾸는 누나와 의사를 꿈꾸는 동생의 모습이 기억 속에 선명합니다.

꿈꾸지 않으면 사는 게 아니라고
별 헤는 맘으로 없는 길 가려네
사랑하지 않으면 사는 게 아니라고
설레는 마음으로 낯선 길 가려 하네

아름다운 꿈 꾸며 사랑하는 우리
아무도 가지 않는 길 가는 우리들
누구도 꿈꾸지 못한 우리들의 세상
만들어 가네

배운다는 건 꿈을 꾸는 것
가르친다는 건 희망을 노래하는 것

배운다는 건 꿈을 꾸는 것
가르친다는 건 희망을 노래하는 것

우린 알고 있네 우린 알고 있네
배운다는 건 가르친다는 건
희망을 노래하는 것

배운다는 건 꿈을 꾸는 것
가르친다는 건 희망을 노래하는 것
배운다는 건 꿈을 꾸는 것
가르친다는 건 희망을 노래하는 것
우린 알고 있네 우린 알고 있네
배운다는 건 가르친다는 건
희망을 노래하는 것

시몬에게 인생은 무엇일까요? 시몬에게 꿈은 무엇일까요? 지금 시몬이 품은 꿈은 참으로 큽니다. 도무지 어부 시몬과는 어울리지 않는 엄청난 꿈입니다. 그런데 이 엄청난 꿈이 원래부터 시몬이 품었던 꿈은 아니지요. 그 꿈은 예수의 꿈이었습니다. 주님인 예수를 따르기로 했기에 시몬도 그 꿈을 품게 되었지요. 함께 꿈을 이루자는 예수의 요청에 그때까지 품었던 자신의 꿈은 내려놓고 새로운 꿈을 품었습니다. 자신을 기준으로 자신의 꿈을 편집하는 것이 아니라 하나님을 기준으로 자신의 꿈을 편집합니다.

지금 품고 있는 꿈이 있나요? 품고 싶은 꿈이 있나요?
그 꿈은 어떤 모습인가요?
혹,
그 꿈을 위해 하나님을 편집하진 않았나요?

Part 07

모든 것을 버려두고 따르니라

인생이란 정말 변화무상합니다. 서른을 넘겨 마흔을 향해 가던 어느 날, 시몬은 참 특별한 하루를 만납니다. 예고 없이 갑작스럽게 이루어진 만남, 그간 그의 인생에서 이토록 특별한 만남이 있었을까요? 그날 시몬은 그때까지 소중히 여기며 살아왔던 모든 것을 버려두고 새로운 도전을 시작하지요. 시몬의 인생에서 이처럼 아름다운 날이 있었을까요? 절망은 희망이 되고, 텅 비었던 배는 넘치도록 가득 채워졌습니다.

그런데 그 아침이 이르기 전에
시몬이 그 배에서 떠났다면 어떻게 되었을까요?

돌이켜 생각해 보면 아찔합니다. 떠났다면 특별한 만남은 없었지요. 절망은 절망으로 남고, 텅 빈 배는 그대로 텅 비어 있었을 겁니다. 뭐에든 쉽게 포기해서는 안 되지요. 특히 인생의 일이라면 더욱 그렇습니다. 원하는 결과가 눈앞에 보이지 않는다고 해도 해야 할 일이라면 절대 포기해서는 안 됩니다. 지치고 버거워서 쉬었다가 가더라도 포기하지 않고 최선을 다해야 합니다. 삶의 자리에서는 쉽게 떠나서는 안 됩니다. 삶의 터전은 쉽게 바꾸는 것이 아닙니다.

자기 일을 성실히 하지 않고 요행을 바라는 사람이지요. 그런 사람을 향해 최선을 다하라고 강조할 때 사용하는 말이 있습니다. 진인사대천명(盡人事待天命)이란 말입니다. 사람으로서 자신이 할 수 있는 어떤 일이든지 노력해 최선을 다한 뒤에 하늘의 뜻을 받아들여야 한다는 의미입니다.「삼국지(三國志)」의 '수인사대천명(修人事待天命)'에서 유래한 말입니다.

삼국지에 나오는 전투 중 가장 유명한 전투가 적벽대전(赤壁大戰)입니다. 유명한 만큼 여러 번 영화나 드라마로 만들어졌지요. 개인적으로는 2008년 개봉되었던 오우삼(吳宇森) 감독의 영화가 기억에 남습니다. 전쟁은 남자들의 이야기만으로 여겨지기 쉬운데 영화에선 두 여인의 활약이 컸습니다. 손권(孫權)의 여동생인 손상향(孫尙香)과 주유(周瑜)의 아내인 소교(小喬)가 영화의 중요한 이야기를 끌어갑니다. 실제 전쟁에서도 그랬는지는 모르겠습니다. 여하튼 적벽에서 위(魏)나라 조조(曹操)가 오(吳)·촉(蜀) 연합군과 전투를 벌였습니다. 전투 중에 촉나라의 관우(關羽)는 제갈량(諸葛亮)에게 조조를 죽이라는 명령을 받았습니다. 그런데 화용도(華容道)에서 포위된 조조를 죽이지 않고 길을 내주어 달아나게 하고 돌아옵니다. 제갈량은 명령을 어긴 관우를 참수하려 합니다. 그런데 유비(劉備)의 간청에 관우의 목숨을 살려줍니다. 그렇게 관우의 목숨을 살려주면서 유비에게 제갈량이 다음과 같이 이야기합니다.

> 천문을 보니 조조는 아직 죽을 운명이 아니므로 일전에 조조에게 은혜를 입었던 관우로 하여금 그 은혜를 갚으라고 화용도로 보냈습니다. 내가 사람으로서 할 수 있는 방법을 모두 쓴다 할지라도 목숨은 하늘의 뜻에 달렸으니, 하늘의 명을 기다려 따를 뿐입니다(修人事待天命).

'하늘은 스스로 돕는 자를 돕는다'는 말도 있지요. 누가 처음 이 말을 했는지 확인할 수도 없을 만큼 참 오래전부터 전해져 오는 말입니다. 오랫동안 전해져 올 때는 그만한 까닭이 있을 것입니다. 이 말을 건넬 때마다 전달하고자 했던 의미가 무엇이

POST
특별한 날이라
그날 오신 것이 아닙니다

주님이 오셨기에
특별한 날이 되었습니다
@북촌

었는지 새겨보아야 합니다. 이 말은 하늘은 스스로 노력하는 사람을 성공하게 한다고 강조합니다. 어떤 일을 이루기 위해서는 무엇보다 자신의 노력이 중요함을 이야기합니다. 영국 저술가로 사회개량가로 활동했던 새뮤얼 스마일스(Samuel Smiles)는 자기 계발서의 시초라 불리는 그의 대표 작품인 「자조론(自助論, *Self-help*)」(1859년)을 이 말로 시작합니다.

시몬처럼 우리는 오늘의 삶에 충실해야 합니다. 좋은 것으로 가득 채워져 있든 텅 비어 있든 무거운 짐으로 가득하든 우리는 오늘에 충실해야 합니다. 그래야 그 삶 속으로 들어오시는 주님을 만날 수 있습니다. 주님은 우리를 찾아오시는 분입니다. 우리가 땀 흘리고 고민하고 웃고 울고 슬퍼하고 기뻐하는 매일 반복되는 것처럼 느껴지는 우리의 그 오늘 속으로 주님은 찾아오십니다. 낯설고 특별한 시간과 공간이 아니라 매번 반복되는 것처럼 느껴지는 우리의 오늘 속으로 주님이 찾아오십니다.

특별한 날이라 그 날 주님이 오신 것이 아니지요.
주님이 오셨기에 특별한 날이 되었습니다.
특별한 곳이라 그곳으로 주님이 오신 것이 아니지요.
주님이 오셨기에 특별한 곳이 되었습니다.

성경은 삶을 향한 우리의 노력이 필요 없거나 무의미하다고 말하지 않습니다. 우리는 우리의 성장과 변화를 위해 노력해야 합니다. 성경은 특별한 시간이나 장소가 우리를 변화시킨다고 말하지도 않습니다. 우리는 시간이나 장소의 영향을 많이 받습니다. 저마다 특별함을 느끼는 시간과 장소가 있습니다. 그러나 하나님은 특정한 시간이나 장소에 갇히거나 간섭받는 분이 아니십니다. 하나님은 시간과 공간을 창조하고 주관하는 분이십니다. 그런 분이 어찌 특정한 시간과 장소에 영향을 받으실 수 있겠습니까.

우리의 삶에서 일어나는 참된 변화는 하나님이 행하시는 일입니다. 어느 시간이든 어떤 공간이든 상관없이 하나님은 변화를 일으키십니다. 변화의 주도권을 하나님께 드려야 합니다. 하나님이 우리 안에서 새로운 일을 시작하실 수 있도록 맡겨야 합니다. 역설적이게도 예수와 시몬의 만남은 자신의 노력과 능력으로 제자의 삶을 살 수 있다고 생각하는 한, 진정한 제자의 길을 걸을 수 없음을 보여주고 있습니다.

하나님 앞에서 자신이 아무것도 아님을 깨닫고 선언할 때,
바로 그 순간 제자의 삶은 시작됩니다.

시몬에게서 보듯 제자의 삶은 주님이신 예수의 정체를 올바로 깨닫고 그분 앞에 무릎 꿇을 때 시작됩니다. 그분의 말씀을 의지해 온전히 자신을 내어 드릴 때 시작됩니다. 그런데 자신을 드린다는 것은 자신의 모든 것을 버리는 것을 의미합니다. 말씀 앞에서 시몬은 '자기 생각'도 '경험'도 버렸습니다. 시몬은 자신의 인생에서 가장 많은 경험과 지식을 축적하고 있던 바로 그 영역에서 자신의 경험과 지식, 그리고 주장을 내려놓고 주님의 말씀을 새로운 기준으로 받아들였습니다.

그런데 시몬의 변화는 내면에서만 일어나는 것으로 멈추지 않았습니다. 시몬은 '배'마저 버립니다. '배'를 버린다는 것은 매우 중요한 문제입니다. 어부에게 있어 배는 삶의 기반(基盤, base)입니다. 그리고 시몬이 버려두고 떠나는 '그 배'는 예수와의 인격적 만남이 이루어진 은혜의 장소(場所, place)였습니다. 그런데 시몬은 '그 배'를 버려두고 떠납니다. 그렇게 배를 버려두고 떠나면서 동시에 '배에 가득한 고기들'마저 버렸습니다. '두 배에 가득한 고기들'은 예수의 말씀에 순종함으로 얻은 은혜의 상징(象徵, symbol)이었지요. 그런데 시몬은 그것마저 버려두고 떠납니다. 하나님의 영광과 거룩함을 목격했던 이사야 선지자는 자리에서 일어나 하나님께 자신을 사용해 달라고 말했지요. 그 자리에 머물러 있지 않았습니다. 모세는 하나님이 말씀하시는 것을 행하기 위해 불타는 떨기나무를 떠났습니다. 이것은 은혜로 말미암은 긍정적인 충동입니다.

가치 없고 소중하지 않기에 버려두고 떠난 것이 아닙니다.

주님을 따르기 위해서는 모든 것을 버려두고 떠나야 했기에 그렇게 한 것입니다.

'배'를 버리지 않으면, '배'에 남아 있으면 사람을 취하는 어부가 되지 못합니다.

제자의 삶을 사는 데 있어 자신을 하나님께 내어 드리는 것은 무엇보다 중요합니다. 사도 바울은 다음과 같이 권면합니다. "그러므로 형제들아 내가 하나님의 모든 자비하심으로 너희를 권하노니 너희 몸을 하나님이 기뻐하시는 거룩한 산 제물로 드리라 이는 너희가 드릴 영적 예배니라"(롬 12:1). 하나님은 우리 자신을 산 제물(living sacrifice)로 드리기 원하십니다. 날마다 우리 자신의 욕망을 내려놓고 그분을 따르고, 우리의 모든 정력과 자원을 그분이 자유롭게 사용하시도록 내어놓으며 우리를 인도하시도록 의지해야 합니다.

우리의 새로운 삶은 하나님께 드리는 감사 제물입니다. 우리의 몸을 산 제물로 드리는 것은 거룩하고 하나님을 기쁘시게 하는 일입니다. 참된 제자가 된다는 것은 하나님께 전적으로 헌신

하는 것입니다. 말 그대로 제사의 제물이 된다는 것은 완전히 드려진다는 의미입니다. 그 이상도 그 이하도 아닙니다. 드린 척할 수 있는 것도 아니고 적당히 몇 퍼센트를 남기고 드릴 수도 없습니다. 예수를 따라가기 위해 모든 것을 버려두고 떠나는 이들은 분명 자신을 하나님께 제물로 드린 것입니다. 그런데 그들만 그렇게 영적 예배를 드린 것은 아니지요. 그렇게 떠나는 이들을 묵묵히 떠나보내는 이들이 있었습니다.

그들 중엔 아들을 떠나보내는 아버지도 있었습니다.

큰 소동이 날만 했지요. 한 명도 아니고 네 명이나 모든 것을 버려두고 떠나는데 말입니다. 그런데 이상하리만큼 조용합니다. 비밀스럽게 이루어진 일이 아니었습니다. 수많은 이가 그 자리에 함께 있었지요. 마치 모두 그날을 기다리고 있었던 것처럼 묵묵히 담담히 이 일을 받아들입니다. 아버지를 떠나는 아들들의 심정이 어떠했을까요? 또 그렇게 아들들을 떠나보내는 아버지의 심정은 어떠했을까요? 도대체 성경은 이 장면을 통해 우리에게 무엇을 이야기하고 있는 것일까요?
떠나보내는 이들도 떠나는 이들만큼이나 이 만남과 떠남의 특별한 의미를 깨달을 것입니다. 버려두고 떠나는 심정보단 힘

@영종도

떠나는 심정보단 어려운 길을 떠나보내는 심정이 더 무거웠을 겁니다

떠나는 이들도 떠나보내는 이들도
스스로 제물이 되어 하나님을 예배했습니다

들고 어려운 길을 떠나보내는 심정이 더 무거웠을지도 모릅니다. 떠나는 이들도 떠나보내는 이들도 스스로 제물이 되어 온 마음과 온몸으로 하나님을 예배합니다.

겉으로 드러난 모습은 다르지요. 떠나는 이가 있는가 하면 떠나보내는 이도 있습니다. 떠나는 자만 제자가 아니지요. 떠나보내는 자도 제자입니다. 떠난 이들이 버려두고 떠난 몫까지 감당해야 합니다. 맡은 소임이 다를 뿐이지요. 그런데 떠난다고 해서 반드시 제자인 것도 아니지요. 예수를 따라나선 이들 중엔 이런저런 자신의 욕심 때문에 따라나선 이도 있음을 우린 알고 있습니다.「복음 중심의 제자도」(*Gospel Centered Discipleship*, 2013년)에서 조나단 도슨(Jonathan K. Dodson)은 다음과 같이 이야기합니다.

성경은 신자를 가리켜 '그리스도인'보다 '제자'라는 단어를 더 많이 사용한다. 이렇듯 '제자'라는 단어가 거듭 사용된 것은 한 가지 사실을 말해 준다. 제자는 그리스도인을 가리키는 기본 범주다. 우리는 먼저 제자이고, 그다음에 부모이거나 피고용인, 목사이거나 집사, 배우자다. 제자는 신분(정체성)이다. 나머지는 모두 역할이다. 우리의 역할은 일시적이다. 그러나 우리의 신분은 영원하며 경이롭다.

모든 것을 버려두고 예수를 따라나섰던 시몬처럼, 우리도 예수의 정체를 바르게 깨달았다면 그 예수를 따라나서야 합니다. 떠나는 이들도 떠나보내는 이들도 '현실'이란 틀을 깨고 예수를 따랐던 것처럼 제자의 삶을 향해 과감히 떨쳐 일어서는 믿음의 용기가 필요합니다. 세상 나라를 뒤로 하고 하나님 나라를 향해 나아가는 길에는 용기가 필요합니다. 결단이 필요하지요. 모든 걸 버려두고 떠나는 이들이나 그렇게 떠나는 이들을 묵묵히 보내며 그들이 떠나며 남긴 몫까지 자신의 소임으로 받아든 이들의 가슴에는 같은 노래가 심장 박동처럼 울렸을 것입니다. 이천 년이란 시간이 흐른 후의 노래이지만, 어쩌면 그들의 가슴에 있었을 노래가 다음의 시가 아니었을까 생각해 봅니다. 인권운동가이자 민중신학자였던 안병무 선생의 〈친구여! 가자 십자가의 길을〉이라는 시입니다.

친구여 가자 하늘나라로 향해 가자
그 길이 좁으면 내 가진 것 버리고 가자
그래도 좁으면 알몸으로 가자
그래도 안 되면 내 사지를 찢고라도 가자
이 길은 남이 걷지 않는 길
때로는 나와 내 그림자만이

걸어가야 하는 길

가다가 다리가 아프면
상수리나무 아래서 쉬어서 가자
목이 마르면 야곱의 샘에서 마시고 가자
가다가 날이 저물면
여호와의 장막에서 머물고 가자
가다가 심장이 터지면 목은 십자가에 깔리면서라도
눈은 그 나라로 향하고 가자

그 누구도 자신의 힘만으로 새로운 삶을 시작할 수는 없습니다. 그런데 세상은 거듭 우리에게 우리 스스로 새로운 삶을 시작할 수 있다고 거짓 환상을 심어 줍니다. 세상은 우리 스스로 우리 자신을 변화시킬 수 있다고, 자신만이 자신을 변화시킬 수 있다고 가르칩니다. 거짓 가르침이지요. 그런데 슬프게도 자신의 삶에 최선을 다하는 이들이 이런 세상의 헛된 가르침에 갇혀 살아갑니다. 아등바등 순간순간 자신의 삶을 위해 최선을 다해야만 살아갈 수 있는 이들이 이런 가르침에 쉽게 빠져듭니다. 인생을 소풍처럼 사는 이들은 변화에 대한 갈망이 없기에 이런 가르침에 관심을 두지도 않지요.

“너희는 이 세대를 본받지 말고 오직 마음을 새롭게 함으로 변화를 받아 하나님의 선하시고 기뻐하시고 온전하신 뜻이 무엇인지 분별하도록 하라”는 사도 바울의 권면을 기억해야 합니다(롬 12:2). 유진 피터슨(Eugene Peterson)은 이 구절을 번역하면서 원어의 의미를 잘 살려 놓았습니다.

“문화에 너무 잘 순응하여 아무 생각 없이 동화되어 버리는 일이 없도록 하십시오(Don't become so well-adjusted to your culture that you fit into it without even thinking).”

필립스 박사(J. B. Phillips)의 번역도 큰 도움이 됩니다.

“당신을 에워싸고 있는 세상이 당신을 세상의 틀에 밀어 넣지 않게 하십시오(Don't let the world around you squeeze you into its own mould).”

우리 자신을 세상 풍조에 노출시키고 있으면 자연적으로 세상의 틀에 맞추어지게 되어 있습니다. 적극적으로 세상의 풍조를 따라가려고 노력하지 않아도 됩니다. 그저, 이 세상이 보여주는 것들을 보고 이 세상이 들려주는 소리를 듣고 있으면, 자기도 모르는 사이에 자신의 사고방식과 가치관과 행동 양식이 그 틀에 맞게 만들어집니다.

시몬에게 찾아가셨던 주님이 오늘 우리에게도 찾아오십니다. 시몬에게 말씀하셨던 주님이 오늘 우리에게 이야기하십니다.

"오늘 나와 함께 하자."라고 말입니다. '어제'에 갇히면 '오늘'을 살 수 없지요. 자기의 생각을, 자기의 경험을 내려놓아야 합니다. 배도 고기도 버려두고 떠날 수 있어야 합니다. 배도 고기도 버려두고 떠나는 이들을 묵묵히 떠나보낼 수 있어야 합니다. 그래야 주님과 함께 날마다 더 깊은 은혜의 세계로 나아갈 수 있습니다.

우리는 날마다 어제를 버리는 결단을 해야 합니다.
그러면 우리는 날마다 새로운 오늘을 살 수 있습니다.

떠나는 이들과 떠나보내는 이들의 가슴엔 또 하나의 노래가 흐르고 있었을지도 모릅니다. 앞으로 펼쳐질 인생의 모습을 떠올리면서 특히 선생이자 주님이신 예수와의 인연을 생각하면서 말입니다. 오래전부터 기다려왔던 메시아입니다. 그분의 삶이 어떠할지에 대해 많은 예언이 있었지요. 구원의 길이 되기 위해 그가 걸어가야 할 길이 어떠해야 하는지에 대해 오래전부터 전해져온 이야기들이 있었습니다. 그렇게 예언되었던 그 길이 이제 시작되었습니다. 그리고 그 길을 함께 걷게 되었습니다.

십자가를 우리 자신을 위해 회피하거나 추구해서는 안 되

시몬에게 말씀하셨던 주님이
우리에게 이야기하십니다

"오늘 나와 함께 하자"

'어제'에 갇히면 '오늘'을 살 수 없습니다

@영종도

며, 우리의 십자가를 지고 가야 한다. 마틴 루터가 말한 것처럼 바로 십자가가 우리를 찾아낸다. 십자가는 우리 자신과 다른 이들의 고난, 악, 죄, 고통을 묵인하는 '순교자 콤플렉스'에 대한 호소가 아니다. 하나님의 나라를 위해 "친척과 재물과 생명을 다 빼앗길지라도" 이 스러져 가는 시대에 우리가 가질 수 있는 그 무엇보다 가치 있고 영구적인 보물이다.

마이클 호튼(Michael Horton)의 「약함의 자리」(*A Place for Weakness*, 2013년)에 나오는 내용입니다. 떠나는 이들도 떠나보내는 이들도 자신을 위해 선택한 결정이 아니었지요. 마틴 루터의 말처럼 그들이 십자가를 선택한 것이 아니라 십자가가 그들을 찾아내었지요. 그러니 침묵이 흐르고 비장할 수밖에요. 떠나는 이들이나 떠나보내는 이들이나 자신을 찾아온 제몫의 십자가를 지고 걷기 시작했습니다.

그렇게 그 길을 함께 걷게 된 이들의 마음속에 있었을 것 같은 노래가 이선희의 〈인연〉입니다. 2005년 개봉되었던 영화 '왕의 남자'의 삽입곡이었지요. '왕의 남자' 는 개봉 74일 만에 전국 관객 1,200만 고지를 넘어서며 개봉 당시 한국영화 사상 최다 관객을 동원한 기록을 세웠습니다. 영화의 성공과 함께 〈인연〉이란 노래도 유명해졌지요. 그런데 어떤 이들은 이렇게 가요를 인용하고 그 속에 성경 속 인물의 마음을 담아 표현하는 것이 불편하고 언짢을 수 있을 겁니다. 언짢아하지 마세요. 생각을 전달하기 위해 사용하는 도구일 뿐입니다.

유명한 노래이다 보니 이래저래 이 노래를 들을 기회가 많았지요. CCM 가수 소향이 '나는 가수다' 라는 TV 프로그램에서 이 노래를 부른 적도 있습니다. 뛰어난 노력 실력 때문에 이슈가 되기도 했지만, 마치 가스펠송(gospel song)을 부르고 듣는 것 같은 감흥에 많은 이가 좋은 충격을 받았지요. 어느 노래든 그 노래를 들을 때마다 늘 같은 느낌은 아닐 겁니다. 어느 날 우연히 이 노래를 집중해서 들었던 적이 있습니다. 그 날은 무슨 까닭 때문이었는지 노래를 듣는 내내 제 삶에 찾아오신 예수와의 인연을 생각했습니다. 몇 번을 반복하며 들었습니다. 가슴 가득 먹먹함을 느끼며 말입니다. 그날 이후부터는 스치듯 이 노래를 듣게 되어도 저와 예수의 인연을 생각합니다. 시몬의 마음도 저와 같을 것 같아 이렇게 이 노래를 소개합니다.

약속해요 이순간이 다 지나고
다시 보게 되는 그날

삶에서 일어나는 참된 변화는 하나님이 행하시는 일입니다
변화의 주도권을 하나님께 드려야 합니다

하나님이 새로운 일을
시작하실 수 있도록 맡겨야 합니다

@영종도

모든 걸 버리고 그대 곁에 서서
남은 길을 가리란 걸

인연이라고 하죠 거부할 수가 없죠
내생에 이처럼 아름다운 날
또 다시 올 수 있을까요

고달픈 삶의 길에 당신은 선물인 걸
이 사랑이 녹슬지 않도록 늘 닦아 비출게요

취한 듯 만남은 짧았지만 빗장 열어
자리했죠 맺지 못한대도
후회하진 않죠 영원한 건 없으니까

운명이라고 하죠 거부할 수가 없죠
내 생에 이처럼 아름다운 날
또 다시 올 수 있을까요

하고픈 말 많지만 당신은 아실테죠
먼 길 돌아 만나게 되는 날 다신 놓지 말아요

이생에 못다 한 사랑 이생에 못한 인연
먼 길 돌아 다시 만나는 날 나를 놓지 말아요

그렇게 모든 것을 버려두고 예수를 따라나선 이들은 사람을 취하는 어부가 되었습니다. 예수가 앞서 걷는 그 길을 따라 제 몫의 십자가를 지고 걸었지요. 좁은 길을 걷는 것이 마냥 즐겁지만은 않았을 것입니다. 여느 길과 비교할 수 없는 가장 가치 있는 길이었지만 고된 여정이었습니다. 그들은 그 길에서 주님(Lord)인 예수와 희노애락(喜怒哀樂)을 함께했습니다. 남아 있던 옛 습관 때문에 실수할 때도 있었고, 주님의 뜻을 온전히 이해하지 못해 엉뚱한 짓을 할 때도 있었습니다. 심각한 문제를 일으킬 때도 있었고, 절체절명(絶體絶命)의 엄청난 위기를 맞이하기도 했습니다. 그래도 포기하지 않았습니다.

그렇게 모든 것을 버려두고 예수를 따라 새로운 길을 걸은 시몬과 안드레, 야고보와 요한을 성경은 분명하게 예수의 제자(弟子, disciple)로, 사도(使徒, apostle)로 기록하고 있습니다. 그런데 그들을 기록한 그곳엔 그들을 떠나보낸 아버지의 이름도 함께 있습니다.

예수께서 그의 열두 제자를 부르사 더러운 귀신을 쫓아내
며 모든 병과 모든 약한 것을 고치는 권능을 주시니라 열두
사도의 이름은 이러하니 베드로라 하는 시몬을 비롯하여
그의 형제 안드레와 세베대의 아들 야고보와 그의 형제 요
한, 빌립과 바돌로매, 도마와 세리 마태, 알패오의 아들 야
고보와 다대오, 가나나인 시몬 및 가룟 유다 곧 예수를 판
자라

마태복음 10장 1~4절

이에 예수께서 제자들과 함께 겟세마네라 하는 곳에 이르
러 제자들에게 이르시되 내가 저기 가서 기도할 동안에 너
희는 여기 앉아 있으라 하시고 베드로와 세베대의 두 아들
을 데리고 가실새 고민하고 슬퍼하사 이에 말씀하시되 내
마음이 매우 고민하여 죽게 되었으니 너희는 여기 머물러
나와 함께 깨어 있으라 하시고

마태복음 26장 36~38절

그 중에는 막달라 마리아와 또 야고보와 요셉의 어머니 마
리아와 또 세베대의 아들들의 어머니도 있더라 저물었을
때에 아리마대의 부자 요셉이라 하는 사람이 왔으니 그도
예수의 제자라 빌라도에게 가서 예수의 시체를 달라 하니
이에 빌라도가 내주라 명령하거늘 요셉이 시체를 가져다
가 깨끗한 세마포로 싸서 바위 속에 판 자기 새 무덤에 넣
어 두고 큰 돌을 굴려 무덤 문에 놓고 가니 거기 막달라 마
리아와 다른 마리아가 무덤을 향하여 앉았더라

마태복음 27장 56~61절

그 후에 예수께서 디베랴 호수에서 또 제자들에게 자기를
나타내셨으니 나타내신 일은 이러하니라 시몬 베드로와
디두모라 하는 도마와 갈릴리 가나 사람 나다나엘과 세베대
의 아들들과 또 다른 제자 둘이 함께 있더니

요한복음 21장 1~2절

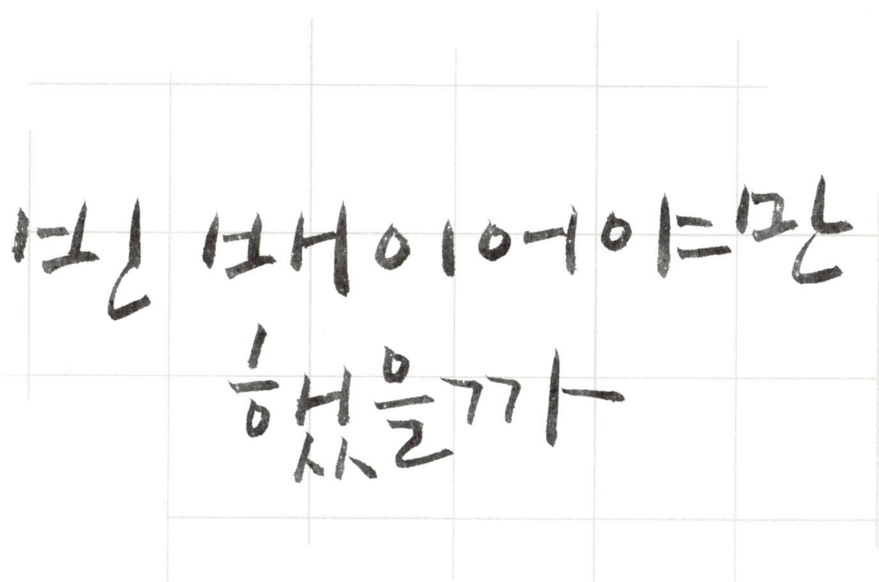

굳이 꼭 그날, 텅 빈 배를 바라보며 절망해야 했던 그날에 찾아오셔야만 했을까요? 그날은 어부로서 가장 큰 실패를 경험한 날이었습니다. 슬프게도 수치(羞恥)라는 말이 너무도 잘 어울리는 날이었지요. 사전에서 뜻을 찾으면 '다른 사람들을 볼 낮이 없거나 스스로 떳떳하지 못함'이라고 되어 있는 말입니다. 그 수치스러움에 더 열심히 땀을 흘려야 했던 그 아침이었는데, 그렇게 그 순간에 찾아오셔야 했을까요?

마치 그 절망의 아침을 기다렸던 것처럼 말입니다.

생각해 보면, 그렇게 그날에 오셔야만 했지요. 텅 비어 있던 그날에 오셔야만 했습니다. 배가 비어 있지 않았다면 예수가 배에 오를 수 없었습니다. 이런저런 것들로 배가 가득 차 있었다면 예수가 오를 자리가 없었을 것입니다. 틈을 찾아 어렵게 배에 올랐다고 해도 잡은 고기를 손질하기에 분주했던 어부들에게 예수는 말 그대로 불청객이었을 것입니다.

> 인생은 참으로 비극인 동시에 희극이다. 더불어 우리의 마음이 변덕스럽다는 사실도 분명하다. 인생이 잘 풀려나갈 때는 어떻게 하면 더 나은 인생을 살 수 있을까 고민하게 된다("물론 매일 먹는 만나도 좋지만, 하나님이 우리에게 고기를 좀 주실 수 없을까?"). 상황이 어렵게 되면 우리는 하나님의 사랑에 대해 의심하기 시작한다("우리를 이 광야로 데려와서 죽게 만들려는 것인가?").

이런 상황에는 보통 두 종류의 상담자가 존재한다. 한편은 하나님의 선하심을 증명하는 데 급급한 나머지, 심지어 시편 기자조차도 감동적으로 묘사했던 고통의 문제—성경의 블루스—를 소홀하게 다루는 사람들이다. 다른 한편은 고통을 지나치게 감성화한 나머지 고통받는 이들을 변하는 데 급급해, 하나님의 주권과 선하심이 우리에게 초월적인 위로를 가져다줄 수 있음을 간과하는 사람들이다. 고통받는 이들에게 하나님에 대해 불평하지 말고 기뻐해야 한다고 말할 필요는 없다. 그러나 그들이 겪는 시험이 하나님의 존재와 성품에 대한 의견조사(referendum)로 취급되는 것도 결코 바른 태도가 아니다.

대부분의 경우 하나님은 욥의 곁에 있던 상담자들보다 훨씬 나은 상담자들을 우리에게 보내 주신다. 시험을 당할 때에 우리에게 필요한 것은 경청하는 귀다.

마이클 호튼(Michael Horton)이 「약함의 자리」(*A Place for Weakness*, 2013년)에서 이렇게 적고 있습니다. 그렇습니다. 어쩌면 그날, 텅 빈 배에서 절망을 느끼며 그물을 손질하던 그 순간에 찾아오지 않으셨다면 '경청하는 귀'가 열리지 않았을지도 모릅니다. 삶의 분주함에 쫓겨, 보아도 보지 못하고 들어도 듣지 못했을 것입니다. 이런저런 것들도 채워져 있던 그 배를 부족함과 불편함에도 설교단 삼아 말씀을 선포할 수는 있었을 것입니다. 말씀을 선포하는 예수도 호숫가에 있던 무리도 말씀에 집중할 수 있었겠지요. 그러나 배 위에 있던 이들은 사정이 달랐을 것입니다. 가장 가까운 곳에서 말씀을 들었지만 삶의 분주함에 갇혀 가장 중요한 것을 놓쳐버렸을 것입니다.

배가 비어 있지 않았다면, 깊은 곳으로 가서 그물을 내릴 일도 없었지요. 이미 채워진 배는 채운 것을 비워내지 않는 한 채우려 움직일 필요가 없습니다. 배가 비어 있지 않았다면 예수가 그 배를 채우실 수 없었습니다.

굳이 꼭 그렇게 빈 배이어야 했을까요?
빈 배이어야 했습니다.
그래야 예수가 그 배에 오를 수 있었습니다.
빈 배이어야 했습니다.
그래야 예수가 그 배를 채울 수 있었습니다.

그래요. 맞습니다. 빈 배이어야 했습니다.「약함의 자리」에서 마이클 호튼(Michael Horton)은 다음과 같이 이야기합니다.

우리의 약함은 하나님께서 당신의 능력을 보여줄 수 있는 기회가 된다. 이것은 그저 구호에 불과한 말이 아니다. 루터는 십자가의 신학자로─모든 그리스도인에게도 마찬가지로 해당된다─살기 위해 세 가지가 필요하다고 말했다. 바로 오라티오(oratio, 기도), 메디타티오(meditatio, 학습), 그리고 텐타티오(tentatio, 시험)다. 신앙을 그저 '평화롭고

편안한 느낌'의 수준으로 격하시키는 것은 아주 쉬운 일이다(흔히 던지는 그리스도인끼리의 인사, "기도해 보세요"). 믿음을 단순한 동의―시험(exam)을 보며 답을 맞추는 것과 같은 지적 훈련―로 단순화시키기도 어렵지 않다. "성경 구절들을 많이 외우고 적절한 순간에 인용할 수만 있다면 우리는 문제 없다." 혹은 "우리의 신학을 바로잡기만 하면 모든 일은 잘 맞아떨어질 것이다." 그러나 시험이 없는 믿음은 우리로 하여금 하나님의 약속을 붙잡으며 발버둥치게 만들지 않는다.

존 칼빈은 사돌레토 추기경(Cardinal Sadoleto)에게 보낸 감동적인 서신에서, 고위 성직자들이 하나님 앞에서 자신의 모든 의가 어떤 것인지 이해하기 위해 가장 필요한 것은 그리스도의 의이며, 양심의 위기(crisis of conscience)라고 강조했다. 하나님은 은혜에 충분히 반응하고 협력하여, 최후의 무죄 판결을 위해서는 자신의 확신을 흔들어 놔야만 한다는 것이다. 우리가 겪는 다양한 크기의 형태의 시험들은 우리의 양심을 향해, 우리의 희망과 꿈을 향해, 삶이 어떻게 살아지는 것인지에 대한 우리의 기대를 향해, 하나님과 그분의 목적에 대한 우리의 확신을 향해 다가온다.

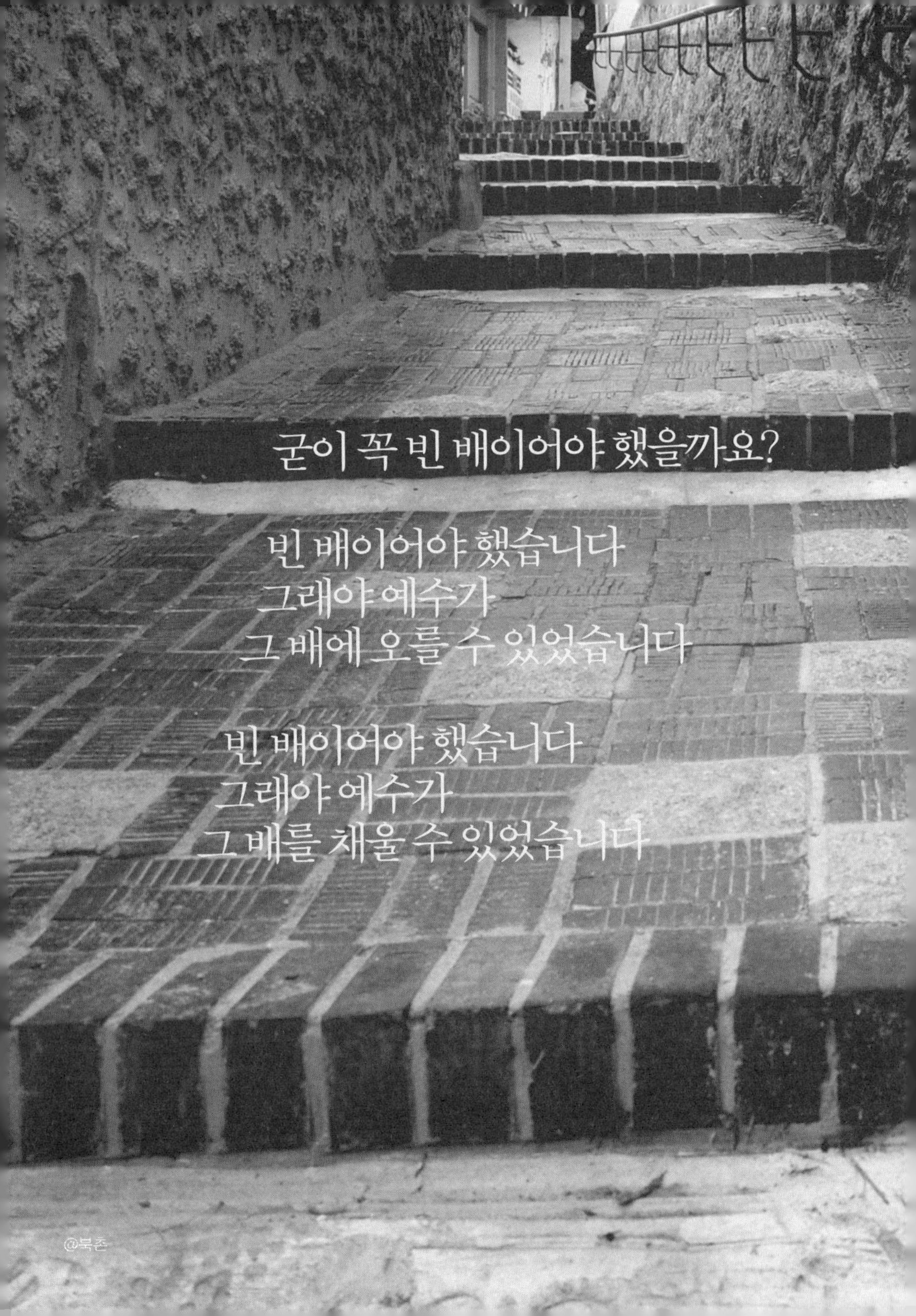

굳이 꼭 빈 배이어야 했을까요?

빈 배이어야 했습니다
그래야 예수가
그 배에 오를 수 있었습니다

빈 배이어야 했습니다
그래야 예수가
그 배를 채울 수 있었습니다

하필이면 그날, 고기 한 마리 잡을 수 없었던 그날, 30년 어부로 살아온 이에게는 쓰디쓴 실패를 경험한 그날. 바로 그날 예수는 고기 잡던 시몬을 찾아옵니다. 그리곤 시몬에게 사람을 취하는 어부가 되라고 요청합니다. 그날 고기 잡던 어부들이 경험한 것은 무엇입니까? 자신들의 경험과 지식이라는 것이 자연의 법칙을 이해하고 따르는 것에 불과하다는 것을 깨달았습니다.

이날 이전까지 하루하루 성실히 살아왔습니다. 불평 없이 천직(calling)이라 여기며 운명(destiny)이라 여기며 30년을 하루처럼 매일 최선을 다했습니다. 인생은 그렇게 땀 흘리며 사는 것이라고 생각했습니다. 이날까지 그의 신념을 인생은 배신한 적이 없었습니다. 매일 만선을 경험한 것은 아니지만 풍부한 어획량을 자랑하는 갈릴리 호수는 최고의 일터였습니다. 물론 환경이 좋다고 누구나 예외 없이 성공하는 것은 아니지요. 시몬은 동료를 이끌 리더십을 가진 사람이었고 매우 성실한 사람이었습니다. 그의 성공은 그저 주어진 것은 결코 아니었습니다.

그런데 배가 텅 비어 버렸던 날,
시몬은 새로운 인생을 시작하게 됩니다.

사건은 바로 그날 일어났습니다. 예수를 만난 그날 말입니다.

지난 30년, 아니 인생 전체를 새로운 눈으로 보게 된 그날 말입니다. 열심히 땀 흘려 살아왔기에 누리는 행복이라고 생각했습니다. 그래서 그날도 열심히 땀 흘렸습니다. 호수를 익혀 물살을 이겨낼 수 있으면, 배를 익혀 내 몸처럼 움직일 수 있으면, 고기를 익혀 움직임을 읽어낼 수 있으면 최고로 탁월한 어부는 아니어도 준수한 어부로 살아갈 수 있다고 생각했습니다. 그런데 그것이 전부가 아니었습니다. 눈에 보이는 것, 손으로 만져지는 것, 귀에 들리는 것, 그것이 전부는 아니었습니다.

자연(自然, 사람의 힘이 더해지지 아니하고 저절로 생겨난 산, 강, 바다, 식물, 동물 따위의 존재. 또는 그것들이 이루는 지리적·지질적 환경)은 배우고 익혀 따르는 것으로 생각했습니다. 자연을 거슬리고 이길 수는 없다고 생각했지요. 순응(順應, 환경이나 변화에 적응해 익숙해지거나 체계, 명령 따위에 적응해 따름)하고 이용(利用, 대상을 필요에 따라 이롭게 씀)하는 것이 상식(常識, 사람들이 보통 알고 있거나 알아야 하는 지식)이자 지혜(智慧, 사물의 이치를 빨리 깨닫고 사물을 정확하게 처리하는 정신적 능력)라고 생각했습니다. 그런데 이 모든 것이 그날, 바뀌었습니다. 모든 상식과 자연을 뛰어넘는 그 말씀 때문에 말입니다.

"깊은 데(deep water)로 가서 그물을 내려 고기를 잡으라."

두 배 가득 고기를 잡았습니다. 일어날 수 없는 일이 일어났습니다. 상식도 자연도 뛰어넘는 일이 일어났습니다. 다른 까닭을 찾을 수 없는 일이 벌어졌습니다. 그 말씀, 아니 말씀하신 그분 때문에 일어난 일이었습니다. 그러니 납작 엎드려 죄인이라고 고백할 수밖에요. 제발 목숨만 살려 달라고 애원할 수밖에요. 그저 떠나달라고 간청할 수밖에 없었습니다.

"무서워하지 말라.
이제 후로는 네가 사람을 취하리라."

이 말씀이 무척이나 반가웠을 것입니다. 고기잡이 외에 달리 경험한 것 없지만 새로운 일을 시작한다는 것이 두렵지 않았을 것입니다. 말씀한 그분을 따르는 일인데 두려워할 이유가 없었지요. 그분의 말씀을, 그분을 어기는 것이 가장 두렵고 무서운 일이었을 것입니다. 말씀으로 자연을 다스리는 분을 뵈었으니, 그것도 깊은 물을 다스리는 분을 뵈었으니 말입니다. 「약함의 자리」(*A Place for Weakness*, 2013년)에서 마이클 호튼(Michael Horton)은 다음과 같이 이야기합니다.

고통의 경험 자체는 우리로 하여금 이 주제에 대한 전문가

말씀을 의지하는 것이 무엇인지 배워야 합니다
그래야만 참된 제자가 될 수 있습니다
제자는 자신의 경험이 아니라
주님의 말씀을 의지해 살아가는 사람입니다

말씀을 의지하는 것이
무엇인지 배워야 합니다

가 되게 하지는 않는다. 골프를 자주 친다고 해서 잘못된 스윙 자세가 교정되지 않는 것과 마찬가지다. 오직 훈련만이 바른 자세를 만들어 준다. 따라서 우리는 좋은 신학이든 나쁜 신학이든 우리가 이미 믿고 있는 것을 강화해 주는 호된 시간 외에, 하나님의 말씀을 통해 시험을 만나는 방법에 대해 배울 필요가 있다.

우리는 말씀을 의지하는 것이 무엇인지 배워야 합니다. 그래야만 참된 제자가 될 수 있습니다. 제자는 자신의 경험이 아니라 주님의 말씀을 의지해 살아가는 사람입니다. 그러니 말씀을 의지하는 것이 무엇인지 배워야 합니다. 시몬은 그날 분명하게 그것을 배웠지요. 머리로만 아니라 온 마음과 온몸으로 배우고 익혔습니다.

예수를 따른다는 것은 예수의 말씀을 따른다는 것이지요. 예수의 말씀을 의지해 삶을 살아간다는 의미입니다. 그렇게 살아가기 위해서는 인생의 배에서 자신의 경험과 지식을 내려놓아야 합니다. 그리고 그 비워진 자리는 예수의 말씀으로 채워야 합니다. 그래야 예수의 제자로 살아갈 수 있습니다.

지금 당신은 어떤 꿈을 품고 있습니까?

세상을 핑계로 품지 말아야 할 꿈을 품지는 않았나요?
자신을 핑계로 품어야 될 꿈을 포기하진 않았나요?

〈거위의 꿈〉이란 노래가 있습니다. 원래 1997년 발표된 노래입니다. 이적과 김동률이 함께 발표했던 프로젝트 앨범 '카니발(Carnival) 1집'에 수록된 노래였지요. 처음 발표되었을 때도 큰 감동을 준 노래였습니다. 그런데 이 노래가 더 많은 이들의 가슴으로 다가온 것은 2007년 가수 인순이를 통해서였습니다. 가수 생활 30주년을 기념하는 공연의 마지막 노래를 찾다가 이 노래를 선택했습니다. 순혈주의(純血主義)가 어느 나라보다 강력하게 지배하는 사회에서 혼혈(混血)로 태어나 그것도 흑인 혼혈로 태어나 산다는 것이 절대 녹녹치 않았을 것입니다. 더욱이 대중의 인기를 얻어야 하는 대중가수란 꿈을 현실로 만드는 삶이 얼마나 힘들었을까요. 그런 그녀의 인생과 꿈에 관한 이야기를 담아내기에 이 노래가 가장 좋은 그릇이었을 겁니다.

> 난 난 꿈이 있었죠
> 버려지고 찢겨 남루하여도
> 내 가슴 깊숙이 보물과 같이 간직했던 꿈

혹 때론 누군가가
뜻 모를 비웃음 내 등 뒤에 흘릴 때도
난 참아야 했죠 참을 수 있었죠 그날을 위해

늘 걱정하듯 말하죠
헛된 꿈은 독이라고
세상은 끝이 정해진 책처럼
이미 돌이킬 수 없는 현실이라고

그래요 난 난 꿈이 있어요
그 꿈을 믿어요 나를 지켜봐요
저 차갑게 서 있는 운명이란 벽 앞에
당당히 마주칠 수 있어요

언젠가 나 그 벽을 넘고서
저 하늘을 높이 날을 수 있어요
이 무거운 세상도
나를 묶을 수 없죠 내 삶의 끝에서
나 웃을 그날을 함께해요

늘 걱정하듯 말하죠
헛된 꿈은 독이라고
세상은 끝이 정해진 책처럼
이미 돌이킬 수 없는 현실이라고

그래요 난 난 꿈이 있어요
그 꿈을 믿어요 나를 지켜봐요
저 차갑게 서 있는 운명이란 벽 앞에
당당히 마주칠 수 있어요

언젠가 나 그 벽을 넘고서
저 하늘을 높이 날을 수 있어요
이 무거운 세상도
나를 묶을 수 없죠 내 삶의 끝에서
나 웃을 그날을 함께해요

지금 당신의 인생은 어떠한가요?
텅 비어 있습니까?
채우려 하는데 무슨 까닭인지 채워지지 않아서 힘들어하고
있습니까? 그런데 무엇을 채우고 싶은가요?

@아티스트 큐브

가득 차 있습니까?

넘치도록 채워져 있어서 어떻게 사용할지 고민하고 있습니까? 그런데 무엇으로 가득 채워져 있나요?

텅 비어 있다고 절망하지 마세요.

예수가 채우실 것입니다.

가득 채워져 있다고 안심하지 마세요.

헛된 것으로 채워져 있다면 비워야 합니다.

더는 당신을 의지하지 마세요. 경험이든 지식이든.

지금부터는 말씀을 의지하십시오.

지금 당신의 인생엔 어떤 예수가 계십니까?

헛된 것을 채우기 위해 당신이 편집했던 예수이십니까?

헛된 것을 비워내고 당신을 온전하게 하시는 예수이십니까?

지금 당신의 인생엔 어떤 예수가 계십니까?

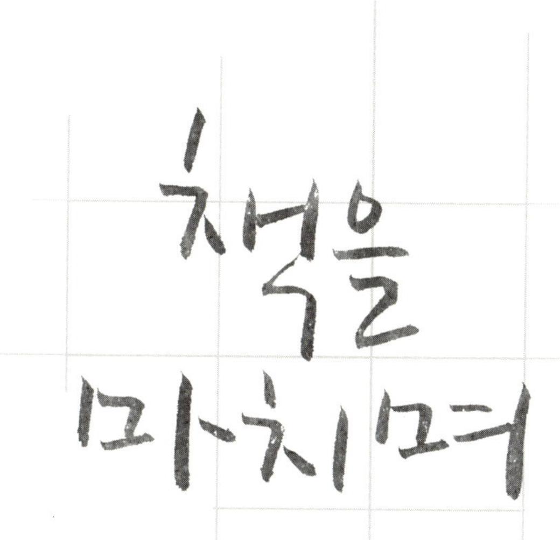

Part 09

영원히 살 것처럼 꿈꾸고, 오늘 죽을 것처럼 살아라.
Dream as if you' ll live forever.
Live as if you' ll die today.

미국 영화배우 제임스 딘(James Dean, 1931~1955)이 남긴 말입니다. 데뷔한 이듬해 교통사고로 짧은 생을 마쳐야 했기에 단 세 편의 영화에서 주연했을 뿐이지만, 그는 1950년대 영화계의 핵심 인물 중 하나였습니다. 그뿐 아니라 사후(死後)에 아카데미상 후보에 두 번이나 오른 유일한 배우입니다.

오랫동안 울림을 갖게 하는 말은 말하는 이의 삶에서 나옵니다. 단 하루만을 산 듯 세 편의 영화에 출연했지만, 그는 여전히 최고의 배우로 살고 있습니다. 산다는 것, 믿는다는 것이 그리

녹록하지 않습니다. 버겁습니다. 제대로 살고자 하면, 제대로 믿고자 하면 더 많이 애를 써야 합니다. 하지만 힘들다고 버겁다고 포기할 순 없지요. 한 번뿐인 인생인데요. 헛되이 보낼 수는 없습니다. 영원히 살 것처럼 꿈꾸고 오늘 죽을 것처럼 살아야 합니다.

홀로 걷는 것 같은 외로움을 자주 느끼는 인생길이지만, 항상 함께하는 분이 계십니다. 그 길을 여시며 앞서 걷는 주님이 계십니다. 그저 앞서 걷기만 하시는 건 아니지요. 우리가 느끼든 느끼지 못하든 항상 우리를 돌보십니다. 인생이란 여행길에 이 책이 시원한 물 한 모금이었으면 합니다. 「우리들의 시간」(2000년)이란 시집에 실린 박경리 선생의 시 중에 "세상을 만드신 당신께"라는 시를 소개하는 것으로 마지막 인사를 대신합니다.

당신께서는 언제나
바늘구멍만큼 열어주셨습니다
그렇지 않았다면
어떻게 살았겠습니까

이제는 안 되겠다
싶었을 때도

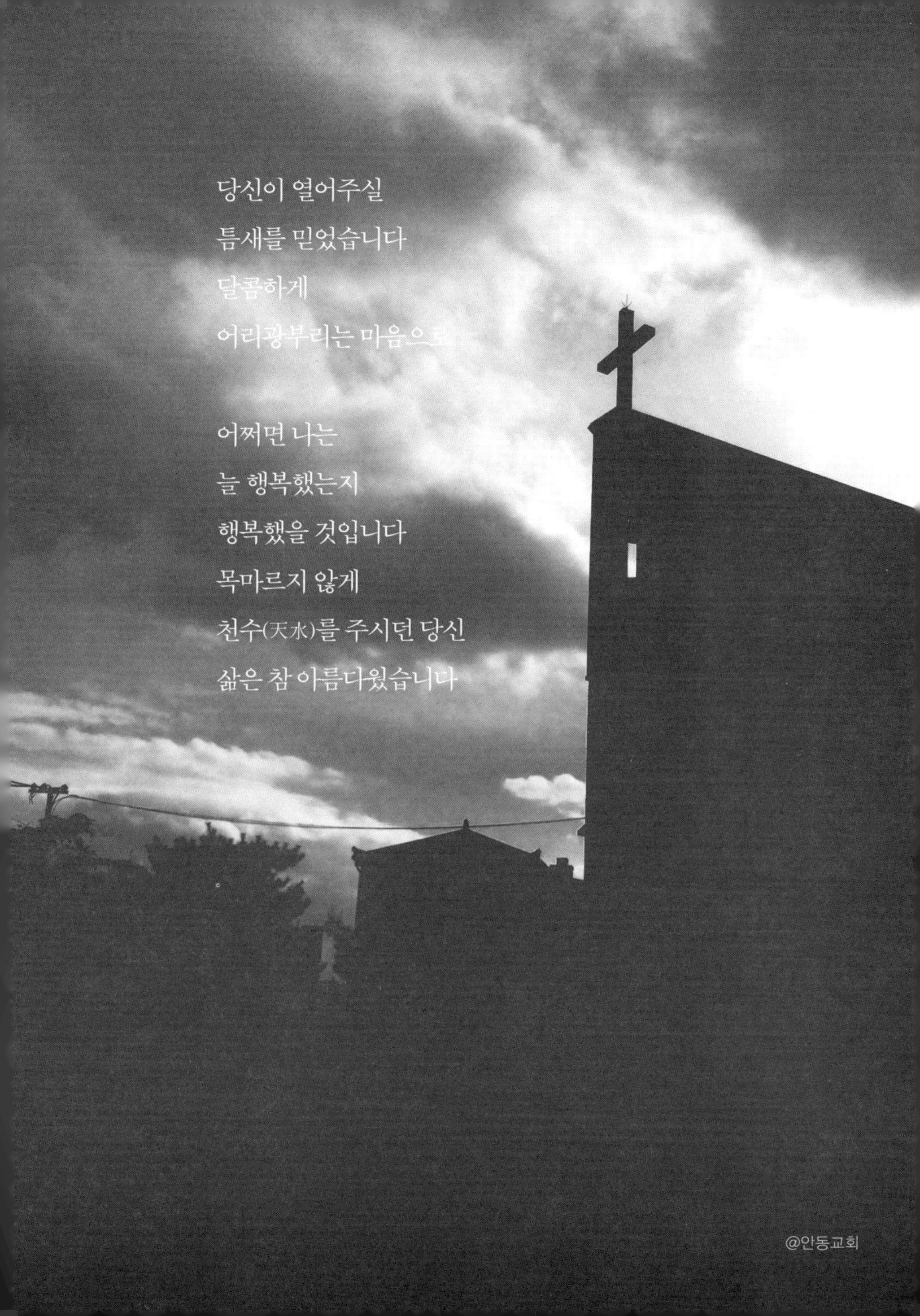

당신이 열어주실
틈새를 믿었습니다
달콤하게
어리광부리는 마음으로

어쩌면 나는
늘 행복했는지
행복했을 것입니다
목마르지 않게
천수(天水)를 주시던 당신
삶은 참 아름다웠습니다

당신이 열어주실
틈새를 믿었습니다

지금

당신의 인생엔

어떤 예수가

계십니까?

belif
belif
belif
belif

사단법인 기독교세계관학술동역회

●

21세기는 바른 성경적 가치관 위에 실천적 삶을 살아가는
그리스도의 제자를 필요로 합니다!

> 1980년대부터 기독교 세계관적인 삶과 학문을 위한 사역의 주축이 되어 왔던 두 단체인 DEW(사.기독학술교육동역회)와 기학연(기독교 학문연구소)이 2009년 5월 통합하였습니다. 통합과 함께 기존의 명 칭을 "사단법인 기독교세계관학술동역회"(이하 세계관동역회)로 변경 하였습니다. 세계관동역회는 통합으로 인한 시너지 효과를 가지고 두 단체의 기존의 사역을 심화 확장시키고 있습니다.

● 세계관 운동

삶과 학문의 모든 영역에서 예수 그리스도가 주인이심을 고백하고, 하나님의 말 씀대로 생각하고 적용하며 살도록 돕기 위한 많은 연구 자료와 다양한 방식의 강 의 패키지들을 준비하고 있습니다. 특히 삶의 각 영역에서 만날 수 있는 문제들에 대한 대안을 찾을 수 있도록 세계관 기초 훈련, 집중 훈련 및 다양한 강좌들을 비 롯하여 기독미디어아카데미, 〈소명 캠프〉, 〈돈 걱정 없는 인생 살기〉 등 캠프와 세 미나가 준비되어 있습니다.

기독미디어아카데미_ 지성과 영성을 겸비한 기독언론인 양성을 위한 전문인 양성
　　　　　　　　　과정

● 기독교학문연구회

학술대회_ 두 단체의 통합으로 명실공히 기독교의 대표적인 학회로서 기독교적 이념에
　　　　입각한 학문 연구를 심화, 활성화 시키는 것을 목표로, 매년 1~2회 학술대회
　　　　를 개최합니다.

학 술 지_ 〈신앙과 학문〉 : 학술진흥재단 등재지로서 연구 성과를 인정받을 수 있습니다.

● **VIEW** 밴쿠버기독교세계관대학원

VIEW는 1998년 11월 캐나다 밴쿠버의 Trinity Western University(TWU), 캐나다 연합신학대학원(ACTS)과 공동으로 기독교세계관대학원 프로그램을 개설하기로 합의하고 1999년 7월부터 정식 강의를 시작했습니다. 기독교 세계관 석사(MACS) 과정과 기독교 세계관 준석사(Diploma) 과정을 운영하고 있으며, 2006년부터는 VIEW국제센터에서 다양한 연수 프로그램(교사 창조론, 지도자세계관 학교, 청소년 캠프 등)을 개최하고 있습니다.

● **도서출판 CUP**

'물이 바다를 덮음 같이 여호와의 영광을 인정하는 것이 세상에 가득' 한 그날을 꿈꾸며, 예수님이 주인 되시는 삶과 문화를 비전으로 출판하고 있습니다.

■ 소식지 및 웹진_ 격월간으로 사회의 이슈 및 삶의 적용, 동역회 소식, 모임 안내 등 다양한 읽을거리를 제공하는 소식지 〈월드뷰〉를 발간하고 있으며, 보다 긴밀한 소식을 위해 웹진을 보내드리고 있습니다. 웹진은 신청하시면 누구나 보내 드립니다.

■ 세계관동역회에 가입하시면 삶과 학문의 전 분야에서 하나님의 주권과 그 영광을 확인하고 회복하는 일에 동참하실 수 있습니다. 후원회원이 되시면 연 4회 출판되는 학술지 〈신앙과 학문〉, 매월 발행되는 소식지 〈월드뷰〉, 연1회 CUP의 신간을 받아 보실 수 있으며 홈페이지에서는 다양한 강좌와 자료들을 통해 기독교 세계관적 관점을 정립하실 수 있습니다.

■ 세계관동역회 사역에 대한 더 자세한 정보를 원하시면
(140-909) 서울특별시 용산구 이촌로 2가길 5, A동 402호 (이촌동, 한강르네상스빌)
사무국(☎. 02-754-8004)으로 연락 주시면 친절히 안내해 드립니다.
E-mail_ info@worldview.or.kr
Homepage_ www.worldview.or.kr

■ CUP 연락처_ ☎. 02)745-7231 cupmanse@gmail.com
(140-909) 서울특별시 용산구 이촌로 2가길 5, A동 103호 (이촌동, 한강르네상스빌)